경력창의성

Career Creativity

장환영 · 안동근

박영story

책 소개의 글

　　과거에는 "남들보다 더 많이, 더 빨리, 더 높이!"를 외치며 무조건 열심히 노력하고 인내하면 경력성공을 이룰 수 있었다. 왜냐하면 이미 설계된 전통적인 경력모델을 따라 경력관리에 애쓰면 되었기 때문이다. 하지만 불확실한 미래사회에서는 무조건 힘쓰고 애쓰는 경력관리만으로는 부족하다. 경력개발에도 창의성이 필요한 경력창조의 시대가 도래하였기 때문이다.

　　이 책은 직업세계가 격변하고 있는 이 시대에 경력창조를 위해 필요한 '경력창의성'이라는 개념과 이를 위한 전략을 제안하기 위해 집필되었다. '경력창의성'의 의미와 전략을 설명하고 있지만, 새로운 개념의 뜻과 전략의 전달만을 목적으로 한 것은 아니다. 우리가 이보다 더 중시한 것은 바로 경력창조에 대한 독자들의 마인드셋이 변화하는 것이다. 즉, 이 책을 읽는 독자들이 일과 삶을 계획해나갈 때 창의성을 가지고 용감하게 도전함으로써 성공적인 경력창조를 이룰 수 있다는 자신감을 가질 수 있게 되기를 바랐다. 이러한 신념의 변화를 위해 '경력창의성'을 보여주는 실제 사례들을 수록하고 그 사례들이 우리 삶에 주는 의미를 검토하였다.

이 책은 경력개발 연구자와 창의성 연구자가 함께 작업한 결과물이다. 우리는 HRD와 심리학이라는 서로 다른 각각의 관점을 가지고 많은 의견을 나누고, 생각을 융합해나갔으며, 한 분야 안에서만은 발현되기 어려운 새로운 통찰력을 키워나갔다. 이 두 관점이 모두 반영된 창의적 결과물이라는 점에서 이 책의 차별적 의미가 크다고 생각한다. 구체적으로, 경력창의성을 설명하는 심리학적 발현기제를 이해할 수 있을 뿐 아니라 경력창의성의 실제적인 개발전략도 HRD의 관점에서 살펴볼 수 있다.

이 책은 다양한 독자층을 위해 집필되었다. 경력을 시작하거나 전환하고자하는 사람들뿐 아니라 직장 안에서 맡은 직무를 창의적으로 수행하고자 하는 사람들에게도 흥미로울 수 있는 내용을 담고 있다. 즉, 대학을 갓 졸업하고 취업을 준비하는 젊은이들뿐만 아니라, 직장 내에서도 새로운 경력진로를 계획하거나 창의적인 전문가가 되고 싶은 청장년들, 그리고 퇴직 후 인생의 이모작, 삼모작을 준비하는 노년층에 이르기까지 모든 세대를 위한 책이다. 경력관리를 넘어 경력창조가 필요한 이 시대에는 세대를 넘어 우리 모두가 새로운 도전을 위한 경력준비자이기 때문이다.

이 책은 크게 5장으로 구성되어 있다. 1장에서는 경력 창의성이 왜(why) 중요한가를 살펴보았고 2장에서는 경력창의성이 무엇(what)인지 탐구해보았다. 3장에서는 경력창의성의 제요소를 살펴보고, 4장에서는 경력창의성의 모습을 다양한 사례들과 함께 탐색해보았다. 끝으로 5장에서는 경력창의성이 어떻게(how) 개발될 수 있는지 실제적이고 구체적인 전략을 제안하였다.

이 책이 독자 여러분들에게 의미 있는 선물이 되기를 바라며, 끝으로 이 책이 나오기까지 애써주신 박영스토리의 이선경님, 윤현주님, 박송이님께 감사의 말씀을 전한다.

2019년 8월
저자 일동

차례

chapter 01

머리말

◆

    저자가 '경력창의성'이라는 개념을 생각해본 것은 꽤 오래전의 일이었다. 요지는 경력개발만큼 창의성이 크게 요구되는 분야는 없을 듯한데 왜 이러한 개념이 학계는 물론 대중서적에서조차도 강조되지 않는 것일까? 하는 것이었다. 이러한 단순한 의혹은 제4차 산업혁명이 소개되고 시장의 변화가 가속화되면서 더욱더 강하게 제기되었다. 직업세계는 기술이 급속하게 발전하면서 유래없는 격변을 겪고 있으며, 결국 '나와 직업의 연속적 관계'라고 할 수 있는 '경력'은 마치 어느 항구에도 닻을 내릴 수 없는 길 잃은 배와 같은 신세가 되어가고 있다.

    인간은 직업과의 적극적인 관계맺음을 통해 성장해가는데 이러한 지금의 시대상황은 인간이 어떤 직업과 관계맺음을 시작해야 할지, 그리고 시작했다고 하더라도 관계를 어떻게 지속해야 할지, 갑자기 이별을 고하면 어떻게 대처해야 할지 등 모든 것이 새롭게 전개되는 듯한 느낌이다. 삶에서 '일'이라는 것은 핵심 중의 핵심 활동임이 분명하다. 이러한 상황에서 우리는 어떻게 경력관리를 해나가야 할까? 이러한 질문은 경력에 대해 더 깊이 있게 탐구할 수 있게 해주었고, 결국 경력에 '창의성'이 덧붙여져 가치를 높여주는 부가적 개념이라기보다는 오히려 경력의 본질에 해당한다는 확신에 이르게 했다. 이러한 확신을 설명하기 위해 경력에서 창의성이 왜 중요한지 경력의 본질 측면과 환경의 변화 측면에서 살펴보고자 한다.

경력의 본질을 살펴보기 전에 먼저 경력에 대한 고전적인 사고를 소개하는 것이 순서일 것 같다.

경력 가이던스를 위해 최초로 영향력 있는 모델을 제시했던 사람은 바로 Frank Parsons이다. 그는 1909년에 경력 선택에 대해 다음의 세 가지 요소를 지적하였다.

1) 나 자신, 태도, 능력, 흥미, 자원, 한계 그리고 다른 특징들에 대한 분명한 이해
2) 다양한 직업세계에 대한 전망, 기회, 보수, 장점과 단점, 성공의 조건과 요구사항에 대한 지식
3) 위 두 그룹의 사실들의 관계에 대한 진솔한 추론(true reasoning) (Parsons, 1909, p. 5)

위에서 진술한 추론이 무엇을 의미하는가에 대해서는 많은 논란이 있지만 결국은 개인의 인지적 과정과 분석적 스킬을 의미하는 것으로 보인다. Parsons의 논리를 요약해 본다면 1) 나에 대한 탐색, 2) 직업세계에 대한 탐색, 3) 나

와 직업세계의 매칭으로 요약될 수 있다. 경력은 나를 알고 직업세계를 알고 탐색한 후에 그 둘을 잘 연결하는 것이 핵심이라는 것이다. 이는 매우 깔끔하고 분명한 논리이며 지금까지도 경력선택 및 개발 분야에서는 이보다 더 강력한 공식이 없을 듯하다. 이러한 이론은 아직까지도 유효하지만 이제는 이러한 공식만으로 나의 경력을 설계할 수는 없는 시대가 되었다. 조금 더 정확하게 얘기하자면 경력설계의 필요조건들을 충족했다고 하더라도 충분조건은 충족했다고 볼 수 없다는 것이 맞을 것이다. 또한 이 세 가지 요소는 경력개발에 대한 핵심을 드러내고 있으면서도 경력의 본질에 대한 설명을 건드리지는 못하고 있다. 왜 그러할까?

먼저 경력을 정의해본다면 '일생에 걸친 일과 관련된 경험의 패턴'(Greenhaus et al., 2000)이라고 볼 수 있다. 여기서 볼 수 있는 경력의 개념은 일생에 걸쳐있다고 하는 시간적 의미, 일과 관련되었다는 관계성, 경험이라고 하는 나의 주관적 성찰과 행동 및 그 결과로 얻어지는 역량과 변화 등이 그 핵심 요소라고 볼 수 있다. 이 개념을 조금 더 자세히 살펴보면 다음과 같다.

첫 번째, 경력은 관계하며 변한다는 사실이다. 여기서 관계는 물론 나와 일의 관계이다. 여기서 중요한 것은 나도 변하고 일의 세계 즉, 직업세계 자체도 변하고 그리고 나와 일의 관계 또한 시간이 지나면서 변한다는 사실이다. 최초에 접했던 일이 무척이나 좋아서 뛰어들었지만 시간이 지나면서 예기치 못했던 사건과 단점들이 드러나면서 일에 대한 열정이 식어버릴 수도 있고, '나'라고 하는 자아 또한 그 정체성이 인생의 상황 및 경험의 질에 따라서 변하게 된다. 이처럼 나, 일, 나와 일의 관계 이렇게 세 가지가 모두 중첩되어 변하기 때문에 경력의 본질은 이 관계 속의 '역동적 과정'에 있는 것이다. 그러나 Parsons가 나와 일의 '매칭'을 위한 분석적 판단으로 정의했던 경력은 단지 한 순간의 기계적인 과정을 설명한 것에 불과하며, 나와 직업세계의 유기적이고도 역동적인 관계를 잘 드러내지 못하고 있다. 불교에서는 관계하면서 변한다고 하는 것을 연기법(緣起法)으로 표현한다. 관계한다는 것은 연(緣)을 의미하며, 변한다고 하는 것은 연하여 일어난다고 하는 뜻의 기(起), 그리고 이러한 것의 예외는 없다라고 하는 뜻의 법(法)을 연기법이라고 한다. 이 세상 어느 것도 연기법에서 벗어나는 것은 없다. 이것이 있으므로 저것이 있고 이것이 사라지므로 저것이 사라지는 것이다. 경력 또한 예외는 아니어서 지속적인 변화과정 속에 있으며, 직업세계의 변화에 내가 얼마만큼의 대응력을 가지고 관계맺음을 잘 해나가느냐의 문제가 그 본질인 것이다. 그러므로 단 한 번의 직업 매칭이 곧 경력이라고 생각하는 것은 큰 오산이며 지속적인 관계맺음의 역동성을 항상 염두에 두고 그 변화를 껴안을 수 있는 자세가 요구되는 것이다. 이렇게 경력이 관계 맺음의 역동적 과정이라고 볼 때, 나와 일의 부단한 관계맺음 속에서 중요하게 고려해야 할 변수가 한 가지 있다. 그것은 바로 '기회'이다. 이것이 바로 경력의 두 번째 본질의 의미이다.

경력에 대한 두 번째 본질적 특성은 바로 경력이 기회, 역량, 열정의 함수라는 점이다. 바로 "경력 = f(기회, 역량, 열정)"이라는 공식으로 다시 써볼 수 있다. 앞서 말한 관계하면서 변한다는 의미가 '어차피 변하고 있으니 어쩔 수 없다'라는 식의 체념을 의미하지는 않는다. 오히려 한 때 나와 일의 관계가 새로운 관계로 변화되어 갈 때 이러한 과정이 발전법칙으로서의 변증적 과정으로 전개되어간다고 하는 것이 더 옳은 말일 것이다. 즉, 관계의 지속과정에서 새롭게 살아나오는 다양한 '기회'들을 나의 역량과 열정이 어떻게 대응하고 활용하느냐에 따라 그 새로운 국면의 특질들이 결정된다는 것이다. 이것이 바로 경력의 역동적 속성이다. 경력을 창의적 발전법칙으로 구현할 수 있느냐의 문제는 결정적으로 나에게 달려있다. 따라서 나의 역량과 열정을 관리하는 문제는 경력관리에서 핵심적인 사안이다. 불확실한 직업세계의 현상 속에서도 기회를 포착하고 활용하는 사람이 있는가 하면 그렇지 않고 그것이 기회였는지도 모르고 그냥 지나치는 사람이 있다. 이것이 경력개발에서 '학습'이 차지하는 비중이 매우 클 수밖에 없는 이유이다. 따라서 부단히 역량을 개발하고 직업을 보는 관점을 지속적으로 확대하는 노력을 게을리하지 않으면 안 된다. 이러한 역량개발의 관점이 바로 경력의 세 번째 본질이다.

세 번째, 경력은 장기적인 학습과정이다. 저자가 Parsons의 직업선택을 위한 '매칭'이론이 충분조건이 되지 못한다고 지적한 것은 바로 경력이 '학습과정'이라는, 그것도 장기적인 학습과정이라는 점을 간과했기 때문이다. 경력은 시공간적으로 한 번의 선택으로 끝나는 것이 아니라 장기간에 걸친 끊임없는 선택과 학습의 과정인 것이다. 일로부터의 나의 학습력이 바로 경력성공을 결정한다. 학습되는 바가 없다면 끊임없는 변화과정 속에서 나의 성장은 없다. 인간은 일을 수행하면서 한때는 '내가 최고다'라는 느낌을 가질 때도 있고 '나는 이 세상에서 필요 없는 존재인가?'하는 회의감을 느낄 때도 있다. 이러한 오르락내리락의 경험에서 빗나가지 않게 지켜주는 버팀목이 바로 나의 '학습력'인 것이다. 어려울 때는 어려운 것에서 배우고 또 좋은 환경과 조건에서는 그 나름대로 좋은 것을 배우면서 인간은 경력의 발전을 일구어낸다. 경력의 본질이 '학습과정'이라는 것은 밀레니얼 세대에게 또 하나의 주목할만한 관점의 전환을 보여준다. 그것은 바로 내가 학습하기 위해 일을 활용한다는 것이다. 베이비부머 세대에게는 이러한 관점이 별로 없었다. 일과 학습이 분리되어 있었기 때문이었다. 베이비부머 세대에게 학습, 즉 교육은 직업세계에 진출하기 위해 받아야 하는 도구적 성격이 강했다. 어떤 직업을 갖기 위해서는 이러한 교육자격이 필요하니 이수해야 한다는 식이다. 다시 말하면 일을 위해 학습을 이용하는 것이다. 하지만 지금의 밀레니얼 세대에게는 이것이 거꾸로 적용되고 있다. 내가 더 배우기 위해 여러 직업들을 거치면서 경험하고 이것이 바탕이 되어 더 나은 학습의 장소로 옮겨가는 것이다. 즉 학습을 위해 일을 이용하는 것이다. 베이비부머 세대가 직업적 성취를 위해 나의 학습을 도구화했다면 밀레니얼 세대는 나의 완성을 위해 직업을 활용한다. 베이비부머 세대가 일터에서의 회의를 위해 가족과의 약속을 조정하는 희생을 했다면 밀레니얼 세대는 개인의 약속을 지키기 위해 직업을 바꾼다. 물론 이러한 베이비부머와 밀레니얼 세대 간의 차이를 이분법적으로 정확히 나눌 수 있다고 주장하는 것은 큰 오류이며 세대 간에도 상당한 개인차가 있을 수 있다. 다만 여기에서 강조하고 싶은 점은 예전에는 일과 학습을 분리된 영역으로 생각했다면 지금은 일과 학습은 분리될 수 없는 밀접한 관계를 지니고 있고 일터에서의 학습과정이 자신의 경력을 결정짓는다는 사실이다. 위에서 언급한 개인차의 문제는 경력의 마지막 네 번째 본질적 특징을 설명한다.

　　네 번째, 경력은 주관적 판단의 결과이다. 경력은 결국 '나'의 문제이다. 일과 관련된 내 선택의 조합이 경력인 것이다. 경력의 발전은 나의 발전을 전제로 한다. 그 전제가 충족되지 않으면 경력의 발전은 얼마 못 가서 그치고 말 것이다. 경력이 발전한 만큼 더 복잡한 의사결정을 현명하게 내릴 수 있어야 하는데 나의 발전이 없다면 그 대응능력을 쫓아가지 못할 것이기 때문이다. Parsons의 이론에서 제1조건은 나를 아는 것이었다. 하지만 여기서의 나는 드러난 특질, 즉 태도, 흥미, 역량, 자원, 한계 등이다. 이러한 표피적인 이해만 가지고서는 경력의 본질을 알 수 없다. 배를 타고 긴 항해를 떠나 목적지에 도착해야 하는데 배의 재질과 크기, 모양 등을 자세히 안다고 하더라도 목적지가 어디인지 알지 못하면 제대로 된 항해를 할 수 없기 때문이다. 결국 나의 흥미와 적성을 알아내기 전에 나는 내 삶에서 무엇을 가장 중요하게 생각하고 있는가의 문제를 깊이 있게 고민해봐야 하는 것이다. 한 번의 깊이 있는 통찰이 많은 낭비를 줄여줄 수 있다. '나는 삶에서 무엇을 추구하는가?', '나는 삶에서 무엇을 원하는가?', '내가 삶에서 추구하고자 하는 것과 직업은 어떤 관계가 있는가?'와 같이 다소 추상적이지만 기본적으로 꼭 질문해야만 하는 것들을 마음에 새기고 경력의 문제를 바라보아야 한다.

◆

지금까지 경력의 본질을 변화, 기회, 학습, 선택 등의 핵심개념과 함께 살펴보았다. Parsons의 이론이 당시에는 파격적이고 선구자적인 업적이었을지 모르지만 경력의 본질을 충분히 드러내기에는 한계가 있다는 점도 지적하였다. 즉 장기적인 관점, 역동적 과정에 대한 통찰, 기회와 학습이 만들어내는 변증법, 기술적인 선택 이전의 존재론적인 성찰의 중요성 등의 본질적인 문제가 설명되지 않았다는 점을 강조하였다. 경력은 기계적인 매칭의 문제만이 아니라 나만의 관점을 가지고 끊임없이 도전하고 변화에 대한 대응력을 키우는 과제인 것이다. 결국 이 과정은 창의성이 요구되는 과정이다. 따라서 경력에서 창의성의 이슈를 배제하는 것은 본질적으로 일과 관련된 삶의 과제를 포기하는 것과 같다고 할 수 있다. 지금까지의 경력 본질에 대한 고찰이 시간적 관점에서 장기적인 역동성을 강조한 논의였다면 경력을 횡단면으로 공간적 측면에서 논의한다고 하더라도 창의성의 중요성은 줄어들지 않는다.

Ducat(2012)은 '경력딜레마'라는 개념을 소개하면서 대부분의 사람들이 경력경로를 설정하는 데에 있어서 마음 (heart)과 머리(head)의 갈등을 겪을 수 있다는 점을 지적하였다. 즉 마음으로는 음악을 하고 싶은데 실질적인 선택은 공과대학에 진학해 엔지니어가 되는 것을 선택하거나 또는 가장 현실적인 삶의 조건으로 빨리 아르바이트라도 해서 입에 풀칠을 해야 하는 상황임에도 자기 마음이 가는대로 소설을 쓰는 데에만 집중하고 있는 등의 딜레마 상황을 의미한다. Ducat은 여기서 제시될 수 있는 경력결정 스타일을 다음의 네 가지로 정리하고 있다.

▌표 1-1 경력결정 스타일의 창(Ducat, 2012, p. 99)

	좋아함	싫어함
현실적	균형(Balance) 스타일	희생(Sacrifice) 스타일
비현실적	몽상가(Daydreaming) 스타일	무계획(Haphazard) 스타일

균형 스타일은 가장 바람직한 경력결정 스타일로서 자신이 좋아하는 것을 현실적으로 실현해 나가는 경력관리자이다. 희생 스타일은 현실적인 조건에 기대어 자신이 싫어함에도 그 경력을 억지로 선택하는 스타일로서 마음보다는 머리에 의존하는 유형이라고 볼 수 있다. 이러한 희생 스타일이 균형 스타일로 전환되기 위해서는 우선 자신의 바람과 희

망을 무엇이 막고 있는지 깊이 있게 고찰해보는 것이 필요하며, 자신이 좋아하는 것이 정말로 넘을 수 없는 장벽으로 막혀있는 것인지 판단하여 그렇지 않다면 조금씩이라도 자신이 좋아하는 방향으로 자신의 역량과 환경을 변화시켜나가는 것이 필요할 것이다. 몽상가 스타일은 현실적인 조건에 대한 고려 없이 좋아함만을 추구하는 유형으로서 균형 스타일로의 전환을 꾀하기 위해서는 보다 더 현실적인 조건들을 수용하고 실천적으로 자신이 사용 가능한 자원들을 활용해 나가는 것이 필요하다. 무계획 스타일은 자신의 경력정체성(career identity)이 전혀 형성되어 있지 않은 것으로 판단되며 경력상담가나 컨설턴트에게 무엇부터 개선해야 할 것인지 직접적인 지도 및 조언을 통해 변화해나가야 할 유형이라고 볼 수 있다. 경력딜레마는 참으로 유용한 개념으로서 도덕적 딜레마에서는 도덕적 창의성이 필요하듯이 경력딜레마에서는 경력창의성이 필요하다고 말할 수 있다. 딜레마 상황은 선형적 사고나 분석적 사고만으로는 문제를 해결할 수 없는 상황을 의미하며 창의적인 해결책이 요구될 수밖에 없다. 창의적 사고는 수평적 사고를 통해 기존의 상식적인 경계를 넘어서 전에 없던 새로운 해결책을 고안해내는 것으로서, 경력딜레마 상황은 필수적으로 경력창의성으로 대응해야만 한다. 이처럼 경력창의성은 경력에 대한 시간적 관점에서 뿐만 아니라 횡단면의 공간적 측면에서도 모두 요구된다. 지금까지는 경력의 본질적 측면에서 경력창의성의 중요성을 지적했다면 이제 다음 파트에서는 본질적 측면의 근거를 넘어서 시대적 환경의 측면에서 경력창의성의 중요성을 논해보고자 한다.

◆

경력 이슈를 둘러싼 시대적 환경의 변화는 모두가 실감하고 있는 변화이기 때문에 더 이상 군더더기를 붙여서 설명할 필요가 없다. 이를 요약해보면 다음과 같다.

첫 번째, 제4차 산업혁명이 진행되고 있다는 점이다. 제4차 산업혁명은 예전과는 판이하게 다른 인재상을 요구한다. 4차 산업혁명 시대에는 로봇이 할 수 없는 일을 해내는 인재가 필요하기 때문이다. 그러한 인재에게 요구되는 가장 중요한 능력은 바로 창의성과 협업능력일 것이다. 이러한 역량을 기르기 위해 미래의 인재들은 형식지를 넘어선 암묵지의 축적, 학습내용을 넘어선 학습방법의 학습, 지식 암기를 넘어선 지식의 창출, 문제해결을 넘어선 문제의 발견, 따라하기를 넘어선 독창적 실험 등을 추구해야 한다. 개인의 측면에서 경력관리의 창의성뿐만 아니라 자신의 역량개발에 있어서도 창의적 역량을 얼마나 신장시킬 수 있느냐 하는 것이 경력성공을 위한 긴요한 과제가 될 것이다.

두 번째, 기업의 인사관리형태가 바뀌고 있다는 점이다. 초연결 및 초지능 시대에는 기업들이 생존하기 위한 기초자본의 성격도 변화한다. 지난 제1차, 제2차 산업혁명 시대에서는 물리적 형태의 자본인 물적자본(physical capital), 인적자본(human capital) 등이 가장 중요한 자산이었지만, 이것이 다시 사회적 자본(social capital)이 부각되면서 지금은 심리적 자본(psychological capital) 및 창의력 자본(creativity capital) 등 비물질적 자산의 중요성이 더 강조되고 있다. 비물질적 자산이 중요해진다는 것은 고용시장에 큰 변화를 가져온다는 의미가 된다. 비물질적인 만큼 유동성이 크게 확대될 수밖에 없기 때문이다. 비물질적 자신의 중요성이 높아지면 필요에 따라 자유롭게 변하는 단기간 계약, 프리랜싱 및 아웃소싱 등의 고용형태가 확산된다. 경력관리가 훨씬 복잡해지고 개인의 측면에서는 창의적인 적응력이 그 어느 때보다도 필요해지는 시점이라고 볼 수 있다. 기업 측면에서도 변화에 대응하는 가장 중요한 두 가지는 적응성과 민첩함이 되고 있으며, 이를 위해서는 소수의 핵심역량을 지닌 인재들과 다수의 아웃소싱 인재로 재편성해서 조직이 쉽게 변화에 적응할 수 있도록 인사관리를 간소화할 필요가 있다. 이러한 기업의 인사관리 형태의 변화는 인재 이동의 유동성을 더욱 더 강화한다.

　　세 번째의 환경 변화는 바로 100세 시대가 도래했다

는 점이다. 이는 경력관리 측면에서 심대한 영향을 끼칠 수밖에 없는데 예전과 달리 이모작, 삼모작 등의 새로운 경력계획을 지속적으로 세워야 하기 때문이다. 한창 일할 수 있는 60세 이하의 나이에서도 유동성이 증가하여 지속적으로 직장을 바꾸어야 할 상황임에도 이것이 연장되어 그 이후 20년 또는 30년 동안 일을 계속해야 하는 시대가 되었다. 기존에 있던 판에 박힌 경력경로를 따르는 것은 이처럼 장기적인 게임에서 좋은 전략이라고 볼 수 없다. 불확실성과 혼돈이 만연한 시장에서 분명한 경로라는 것이 있을 수 없고 운이 좋아서 하나의 일자리를 오랫동안 유지하더라도 남과 차별화되는 그만의 경쟁력을 지속적으로 유지한다는 것은 그리 쉬운 일이 아니다. 60세 이후에도 경력을 유지하기 위해서는 정년 전에 충분히 경력창의성을 발휘하여 자신만의 독창적인 경력경로를 창출하거나 폭넓은 확장적 사고와 융통성으로 직업세계에 대한 적응력을 고도로 높여나가야 할 것이다.

네 번째, 경력을 바라보는 가치가 변화하고 있다는 점이다. 밀레니얼 세대에게는 경력에 대한 성공개념을 정의하는 방식이 매우 다양하게 나타나고 있다. 또한 경력경로 자체도 예전과 같이 일정한 패턴을 예상할 수 있는 수준이 아니라 독특하고 새로운 경력경로가 출현하고 있으며, 분야를 넘나드는 융합적 형태의 전문성이 요구되는 직업이 해가 갈

수록 점증하고 있다. 이러한 현상이 의미하는 바는 경력성공이 예전과 같이 경력관리 및 경력계획에 의해 성취되는 것이 아니라 오히려 경력디자인 및 경력창의성을 통해 도전적으로 일구어 나가야 하는 과제로서 인식될 때 가능하다는 것을 보여주는 것이다. 앞으로의 미래는 과거와 단절된 새로운 형태의 경력경로가 다양하게 표출될 것이며 이러한 트렌드는 경력에 대한 창의성, 융통성, 적응력 등의 중요성을 더욱더 증대시킬 것이다.

◆

지금까지 경력창의성이 왜(why) 중요한가에 대한 문제에 대해서 경력본질의 수직적(시간적) 측면과 횡단면적(공간적) 측면에서 살펴보았고 덧붙여 환경적 영향에 대해 서술하였다. 다음 2장에서는 경력창의성이 진정 무엇(what)인가 하는 문제를 탐구해 보고자 한다. 이어서 3장에서는 경력창의성의 제요소가 무엇인가? 하는 문제를 탐색하고 4장에서는 경력창의성의 모습에는 어떠한 것들이 있는지를 설명한다. 끝으로 5장에서는 이러한 경력창의성이 어떻게(how) 발현될 수 있는지 전략의 측면을 고찰한다.

chapter 02

경력창의성이란 무엇인가?

취업준비생이 희망하는 입사조건 1순위는 "높은 연봉보다 일과 삶의 균형"이라는 설문조사 결과가 나왔다(YBM한국토익위원회). 노동시장이 변화하고 있다. 경력개발에 있어서 물질적 보상보다 개인의 행복을 더 의미 있게 여기는 시대가 도래한 것이다. 원하는 대로 자신의 모습을 변형할 수 있는 그리스의 신 프로테우스(Proteus)에서 유래된 '프로티언 경력(protean carrer)'은 본인이 스스로 가치 있고 행복하다고 느끼는 주관적 성공을 승진이나 높은 연봉과 같은 객관적인 성취지표보다 더 중시하는 개념이다.

　　평균 기대수명 100세 시대. 이제 하나의 직업만으로는 평생을 살아갈 수 없는 시대를 맞이했다. 인생의 이모작, 삼모작을 통해 다양한 복수의 경력을 확보하게 된다는 '다중경력'은 이제 선택이 아닌 필수가 되었다. 은퇴 후 정기적인 연금만으로 평생을 유지할 수 있는 시대가 언제까지 가능할까? 여전히 인생은 길고 아직 세상에 할 일은 너무나도 많다.

　　제4차 산업혁명으로 도래한 인공지능시대. 직업세계에서도 인간의 역할이 급격히 축소되고 있다. 세계경제포럼(WEF)에서는 2020년까지 로봇에 의해 500만 개 이상의 일자리가 감소될 것으로 예측했다. 유엔보고서에 따르면 약 25년 후에는 현존하는 일자리의 80% 정도가 사라진다고 한다. 노동 시장에서는 이미 일자리 차지를 위해 인간과 인간과의 경쟁을 넘어서 로봇과의 경쟁이 시작된 것이다.

이러한 시대에 이미 설계된 전통적인 경력개발모델을 그대로 답습한다면 어떻게 될까? 이는 직업세계에서 스스로 경쟁력을 잃는 길을 선택하는 것과 다름없다. 그렇다면 우리 에게 필요한 것은 무엇인가? 이제는 기존 경력개발모델에 따라 경력을 계획하고 관리하는 것을 넘어, 경력을 스스로 디자인하고 창조하는 것이 필요하다. 즉, 나만의 독특한 경력을 창조할 수 있는 힘이 필요한데, 이를 위해 우리는 '경력창의성(career creativity)'이라는 새로운 개념을 제안하고자 한다. '경력창의성'은 업무를 창조하는 창무(創務), 직업을 창조하는 창직(創職), 사업을 창조하는 창업(創業)과 같이 경력을 창조하는 창력(創力)을 의미한다.

경력창의성의 구성요소는 경력자본과 창의성이며 여기에 디자인역량이 더해질 때 완성된다. 창의성이 경력자본과 디자인역량과 상호작용하면 창무, 창직, 창업과 같은 창의적인 경력산물이 산출될 수 있고, 창의적 경력디자인 역량이 계발될 수 있다. 이제부터 각 요소들을 하나씩 면밀히 살펴보면서, 이 요소들이 어떻게 결합, 융합되어 경력창의성이라는 창력을 만들어가는지 알아보자.

창력 = 경력자본 × 창의성 × 디자인역량

2.1 창력은 경력자본에 기반한다◆

경력자본이란 경제적 가치를 창출하는 개인의 역량, 성향, 신념 등을 포함하는 포괄적인 개념이다. 인적자원개발 분야에서는 경력개발에 영향을 줄 수 있는 개인변인으로 교육수준, 근무경험, 지식과 기술 등을 제시한다.

그런데 이러한 경력자본은 전문성(expertise)과도 일맥상통한다. 전문가란 특정 분야에서 믿을만한 수준의 역량을 가지고 어떤 판단을 정당하고 현명하게 할 수 있는 사람을 뜻하기 때문이다(wikipedia, 2019). 경력자본인 교육수준, 근무경험, 지식과 기술 등을 기본적으로 가지고 있을 때 특정 분야에서 전문가로 인정받을 수 있을 것이다. 교육심리학자들은 전문가와 초보자의 차이점을 문제해결적 관점에서 구분하는데, 전문가는 맥락과 상황 안에서 문제를 인식하고, 자동화된 방식으로 문제를 효율적으로 해결하며, 새로운 문제를 해결할 때 신중하게 계획한다는 차이점이 있다(Eggen & Kauchak, 2010).

창력을 설명하기에 앞서 창력의 구성요소인 경력자본을 전문성과 연계시키려는 특별한 이유가 있다. 앞서 기술했듯이 창력은 경력과 창의성의 만남에서 시작된다. 사람도 서로 만남을 이루려면 관심사 공유와 같은 공통의 요소가 필요하듯, 경력과 창의성도 서로 결합하기 위해 공통의 요소가 필요하다. 그것이 바로 전문성이다. 특정 분야에서 창의적인 성취를 이루려면 그 분야에 대한 전문성이 필수적이다. 이는 경력개발에서 전문성이 경력자본으로서 요구되는 것과 같은 의미로, 이로써 경력과 창의성의 공통요소인 전문성을 도출할 수 있다.

그렇다면, 전문성은 과연 어떤 특성을 가지고 있을까? 이 장에서는 전문성을 창력을 구성하는 경력자본의 측면에서 살펴보고자 한다. 전문성의 특성을 살펴보는 것은 자신이 얼마나 창력에 필요한 경력자본을 가지고 있는지 점검해볼 수 있게 해줄 것이다. 우선, 전문성의 각 특성을 그동안 개개인이 발전시켜온 자신의 전문영역에 대입시켜 볼 수 있고, 이와 더불어 자신의 경력을 만들어가는 경력창의성이라는 새로운 분야에도 동일하게 적용시켜 볼 수 있을 것이다.

2.1.1. 전문성은 영역특수적이다

전문성은 특정 영역에서 발휘되는 역량이다. 그렇다면 과연 영역이란 무엇일까? 영역은 자연과학, 사회과학, 예술과 같이 분야(fields)를 떠오르게 한다. Feist(2004)는 영역을 개념과 관련 있는 인간의 정신기능의 하나로 간주하고, 다음의 7개로 구분된 영역을 제안하였다(임웅, 2009).

1. 인간－사회에 대한 영역
   － 자신, 타인 및 공동체에 대한 개념, 지식 및 이해
2. 동물과 식물에 대한 영역
   － 생물의 움직임, 인과관계 및 자연자원에 대한 문제해결
3. 물리적 세계에 대한 영역
   － 물리적 사물들의 움직임, 인과관계 및 내적 작용의 원리
4. 수에 대한 영역
   － 수와 양에 대한 정신기능, 추상적 수량의 추론
5. 언어에 대한 영역
   － 추상적 기호의 이해, 언어의 음운, 형태, 구문, 의미 규칙의 이해 및 사용

6. 음악에 대한 영역
  - 리듬과 멜로디의 이해, 지각 및 창작, 음악에 내재된 정서의 이해
7. 시각예술에 대한 영역
  - 시각적 형태에 대한 이해, 지각 및 창작, 시각예술에 내재된 정서의 이해

'10년의 법칙'이라는 말이 있듯이 실제로 한 영역의 전문가가 되기 위해서는 오랜 시간 지식과 기술을 익히고 연마해야 한다. 전문성 연구의 권위자인 Anders Ericsson에 따르면 국제적 수준의 테니스선수들과 수영선수들의 평균 연습기간은 10년이었으며, 피아노연주자는 17년, 체스플레이어는 14년이었다. 따라서 한 사람이 다양한 영역에서 전문가가 되는 것은 현실적으로 매우 어렵다.

경력자본인 전문성이 영역특수적이라면 경력창조를 위해 우리는 어떤 영역에서 전문성을 계발할 것인가를 선택해야 할 것이다. 영역의 경계가 모호해지는 융합시대라고 하더라도, 다양한 영역의 전문성을 통합하기 이전에 그 통합의 중심축이 될 수 있는 핵심영역이 필요하다.

그렇다면, 여러분은 어떤 영역을 경력창조의 중심축으

로 삼고 싶은가? Feist(2004)가 제시한 7개 영역을 참고하여 경력창조의 바탕으로 삼고 싶은 자신만의 영역을 생각해보자.

2.1.2. 전문가의 지식구조는 다르다

전문가는 많은 양의 지식과 숙련된 기술을 가지고 있다. 전문가의 지식과 기술은 질적측면에서도 초보자와 차이가 있다. 전문적 지식과 기술의 질적 차이는 어떻게 구분할 수 있을까? 전문성 연구자들은 기억 속에 저장된 의미기반 지식체계를 개념지식(conceptual knowledge)이라고 정의하고, 이에 대한 전문가와 초보자의 차이를 연구해왔다. 개념은 세상에 대한 인식을 체계화하는 마음의 표상이며 우리 사고의 기반이 된다(Ferrari & Elik, 2003; Schunk, 2004). 더 심도 있는, 잘 발달된 개념지식을 가진 사람은 추상적인 원리나 규칙에 중점을 두어 사고하는 반면, 깊이가 부족한, 덜 발달된 개념지식을 가진 사람은 피상적이고 감각적인 특징을 중심으로 사고한다.

우리의 기억 속에는 지식의 구조인 도식(schema)을 가지고 있다. 전문가는 초보자에 비해 의미적으로 더 잘 발달되고 세분화된 계층적 지식구조를 가지고 있어서 더 많은 지식을 빨리 기억할 수 있다. 그리고 이 계층적 구조는 일관된 목표를 중심으로 조직화되어 있다.

예를 들어, 야구 전문가와 초보자에게 동일한 야구경기를 보여준 후 기억나는 내용을 말하도록 했다고 해보자. 우리는 쉽게 전문가가 초보자보다 더 많은 내용을 기억할 것으로 예상할 것이다. 그렇다면 왜 전문가는 더 잘 기억할 수 있을까? 전문가의 단기기억 능력이 초보자보다 뛰어나서일까? 그렇다면 야구가 아닌 다른 주제에 대해서도 야구 전문가가 야구 초보자보다 더 잘 기억할 수 있을까? Chi(2006)에 따르면, 전문가가 야구경기를 더 잘 기억할 수 있는 것은 바로 더 잘 발달된 의미지식체계, 즉 계층적 개념지식 때문이다. 그녀는 전문가들은 경기장면에서 선수들의 행동 하나하나를 '득점'이라는 목표로 연결시킬 수 있다고 했다. 득점을 위해 움직이는 선수들의 행동 하나하나를 이미 형성되어 있는 계층적 지식에 연결시켜 더 잘 기억할 수 있는 것이다. 야구 득점에 대한 규칙을 잘 모르는 초보자는 선수 한 명 한 명의 행동이 단순히 조각조각으로 기억되고 이들을 연결해 줄 수 있는 일관된 목표와 의미체계가 부족하여 전문가만큼 기억하기 어렵다.

Chase와 Simon(1973)은 체스플레이어들을 대상으로 전문가와 초보자의 개념지식 차이를 보여주었다. 체스 전문가 그룹과 초보자 그룹에게 경기 중인 체스보드와 무작위로 선택한 체스보드를 보고 24개의 체스조작을 그대로 재현하도록 하였다. 연구결과, 경기 중이었던 체스보드는 전문가 그룹이 초보자 그룹보다 더 잘 기억하여 재현했지만, 무작위로 선택한 체스보드는 오히려 초보자 그룹이 더 잘 수행했다. 체스 전문가들의 장기기억 속에는 대략 50,000개의 체스경기 패턴이 저장되어 있다고 하는데(Simon & Gilmartin, 1973), 경기 중이었던 체스보드는 이미 저장된 의미기반 패턴으로 인식하고 상기하여 더 쉽게 기억할 수 있었던 것이다. 하지만 무작위 체스보드는 단순 단기기억에 의존해야 했기 때문에 전문가가 초보자보다 더 잘 기억하지 못했던 것이다.

이와 같이 경력창조를 위한 경력자본으로서 전문성을 지니기 위해서는 특정 분야에 대한 지식의 양뿐만 아니라 지식의 질도 함께 향상시켜야 할 것이다. 전문지식의 질적 향상을 위해서는 새로운 정보를 유의미하게 만들어서 장기기억에 형성된 자신만의 도식과 연결시키는 것이 중요하다. 이를 위해 교육심리학자들이 강조하는 다음의 네 가지 전략을 소개하고자 한다(신종호 외, 2015; Eggen & Kauchak, 2010).

첫 번째, 조직화 전략이다. 개별적인 정보들의 공통점이나 유사점을 찾아 구조화시키는 것을 의미한다. 도표, 순서도, 조직도 등을 이용하여 개념 간의 관계를 체계적으로 나타낼 수 있다. 예를 들어, 새롭게 만들어진 직업을 조사하여 학습할 때 각 직업의 발생요인, 발생과정, 요구역량 등에 따라 구분하여 도표로 작성하면 정보를 더 잘 조직하여 기억할 수 있다.

두 번째, 도식 활성화 전략이다. 새로운 정보와 관련된 기존 지식을 활성화시키는 전략이다. 예를 들어, 숨바꼭질을 할 때 얼굴만 가리는 유아를 보면서 Piaget의 인지발달이론을 활성화시키거나, 광고에 등장한 인물의 매력에 이끌려 제품을 구매하려고 할 때 고전적 조건화이론을 활성화시킨다면 도식 활성화 전략을 사용했다고 할 수 있다.

세 번째, 정교화 전략이다. 각각의 정보들 사이의 연합을 더 긴밀하고 강도 높게 만드는 전략이다. 예시와 유추가 가장 대표적이다. 개념에 대한 구체적인 사례를 생각해보고 논리적 추론을 통해 정보들 간의 유사점을 이끌어냄으로써 정교화가 가능해진다. 예를 들어, 한 건축가가 돔 모양의 건축물이 주는 편안함을 설명하면서 모양이 유사한 둥근 지붕의 텐트나 우산을 통해서도 이러한 편안함을 느낄 수 있다고 했다면 유추를 통한 정교화 전략을 사용했다고 볼 수 있다.

마지막으로, 심상전략이다. 심상은 마음속으로 그림을 그리는 전략이다. 예를 들어, 외과의사가 수술 전에 수술의 전 과정을 심적으로 표상해보는 것이나, 피아니스트가 연주 전에 연주의 전 과정을 머릿속으로 그려보는 것, 암벽 등반

가가 등반 전에 이동경로를 상상하여 이미지화 해보는 것 등이 있다. 영화나 드라마를 통해 인물들의 모습을 직접 영상으로 보지 않고 소설을 읽으면서 나만의 캐릭터를 머릿속으로 상상해볼 때에도 심상전략을 사용할 수 있다.

이와 같은 정보의 유의미성 전략을 경력창조의 자본으로 활용해보자. 먼저, 앞에서 설정한 자신만의 영역을 떠올려보자(인간-사회적, 생물적, 물리적, 숫자, 언어적, 음악적 영역, 시각적). 전문지식에 대한 도식을 풍부하게 하고 더 정교화된 계층을 형성하기 위해 새로운 지식이 입력되면 사전지식을 활성화시켜 연결시킨다. 또한, 개별 정보들의 관련성을 찾아 조직화하고, 예시나 유추를 통해 정보들 간의 연합의 수를 증가시키며, 심상을 통해 자신만의 이미지를 그려볼 수 있다.

또 다른 측면에서는 이와 같은 이미지화 전략을 나만의 경력창조라는 영역에도 적용할 수 있을 것이다. 경력창조를 위한 도식을 더 풍성하게 만들고 견고한 지식의 틀로 세워나가기 위해, 새로운 정보, 지식, 경험을 경력과 관련된 나만의 사전 지식과 경험을 활성화하여 연결시킨다. 또한 경력창조의 주체인 나와 경력과 관련된 개별 정보들을 관련성을 토대로 조직화하고 정교화하며, 성공적으로 이루고 싶은 경력창조자의 모습을 시각화하여 상상해보아야 한다. 이와 관련된 구체적인 전략은 5장에서 자세하게 다루고자 한다.

2.1.3. 전문가는 인지하는 것에 대해 인지할 수 있다

아는 것과 아는 것에 대해 아는 것은 어떤 차이가 있을까? 작업을 시작하기 이전에 '이 과제는 계획단계가 중요하니까 계획수립에 더 시간을 많이 사용해야겠어', '오늘은 너무 피곤하니까 단순작업에 집중해야겠어'와 같이 생각할 때가 있다. 이는 본인의 인지과정을 지각하고 예측 가능한 상황을 미리 통제하는 것으로서 메타인지(metacognition)가 발현된 경우이다.

전문가는 초보자보다 양질의 지식과 기술을 더 많이 가지고 있을 뿐 아니라 더 발달된 메타인지를 가지고 있다. 일반적으로 자신의 인지과정에 대해 지각하고 조절하는 능력을 의미하는 메타인지(Eggen & Kauchak, 2010)는 구체적으로 과제수행의 주체인 나에 대해 알고, 과제에 대하여 알고, 그 과제를 수행하는 전략에 대하여 아는 것을 의미한다(Flavell, 1979). 또한, 이 과제에 필요한 전략을 사용하는 구체적인 과정과 방법을 알고, 언제 어디에서 그 전략을 적용해야 할지를 아는 것을 포함한다(전경남, 2015). 게다가 실제 과제를 수행하면서 과제수행 목표에 맞추어 신중하게 계획하고, 적절하게 통제하며, 잘 수행되고 있는지 지속적으로 평가하는 능력을 의미하기도 한다(Jacobs & Paris, 1987). 이는 단순히 과제가 요구하는 지식을 아는 것과는 다른 수준과 차원의 인지능력이다.

우선, 각자의 영역에서 전문지식과 기술을 공부하고 학습하는 과정을 생각해보자. 전문성을 발달시키기 위해서는 단순히 양질의 전문지식과 기술을 가지고 있는 것을 넘어서 메타인지를 통해 이를 잘 공부하고 학습할 수 있어야 한다.

그렇다면 경력창의성에서의 메타인지는 무엇을 의미할까? 경력창의성의 과제수행 목표는 '성공적인 경력창조'이다. 이를 위해 우선, 경력창조자인 나에 대해(인지능력, 흥미, 성격, 양식, 적성), 경력창조라는 과제(경력자본, 창의성, 디자인역량)에 대해, 그리고 경력창조를 위해 필요한 전략에 대해 알아야 한다. 이 전략을 어떠한 절차를 통해 사용할 수 있고, 언제 어디에서 왜 이 전략을 적절히 사용해야 하는지도 인지할 수 있어야 한다. 더욱이, 경력을 창조하는 과정 속에서 언제 적절한 전략을 어떻게 사용할지 계획할 수 있어야 하고, 끊임없이 원하는 방향으로 경력이 잘 개발되고 창조되고 있는지 점검하고 평가해야 한다. 만일 결과가 좋지 않다면 전략을 조정할 수 있어야 한다. 이를 위해서는 경력창조를 위한 구체적인 전략을 아는 것이 필수적인데, 이에 대한 자세한 내용은 5장에서 다루고자 한다.

2.1.4. 전문가는 목적 있는 의식적인 연습을 한다

두 명의 피아노 연주자가 같은 시간 동안 피아노 연습을 했다. 그런데 한 연주자의 연주 실력은 크게 향상된 반면, 다른 한 연구자의 연주 실력에는 큰 변화가 없었다. 학습에서도 마찬가지다. 지능이 비슷한 두 학생이 동일한 시간 동안 책상에 앉아 공부했다고 할지라도 그들의 학업성취에는 차이가 있을 수 있다. 왜 이런 차이가 있는 것일까? Anders Ericsson과 Robert Pool(2016)의 『1만 시간의 재발견』에 따르면, 전문가는 '목적 있는 연습'과 '의식적인 연습'을 하기 때문이라고 한다. 이와 상반된 연습은 '습관적인 반복'이다. 이 책에서 저자들은 더 '열심히'가 아닌 '다르게 하기'의 중요성을 강조하며 목적 있는 연습과 의식적인 연습이 가진 몇 가지 특징을 기술하고 있다.

첫 번째, 분명하고 구체적인 목표가 있다. 악기연주를 할 때 Bizet의 <아를의 여인>을 마스터하기라는 목표는 전체적인 목표이다. 이 목표를 달성하기 위해, 특정 부분에 대하여 고음 실수 없이 연습하기, 숨을 끊지 않고 부드럽게 연결하여 연습하기, 박자를 맞추어 연습하기와 같이 명확하고 구체적인 연습 목표가 필요하다. 저자들은 작게 쪼갠 목표들이 하나씩 하나씩 달성되고 이런 경험들이 지속적으로 축적되어 장기적인 목표에 도달할 수 있다고 하였다.

두 번째, 집중이 필요하다. 학습을 위한 인지과정은 집중으로부터 시작된다. 감각기관을 통해 들어온 자극들 중 학습자가 선택적으로 반응하는 것을 집중이라고 하는데, 이때 학습자가 선택하지 않으면 그 자극은 망각되어 인지처리의 대상조차 될 수 없다(Eggen & Kauchak, 2010). 연습의 과정에서 집중하지 않으면 아무리 오랜 시간 많은 시도를 하더라도 의미 없는 반복만이 되풀이될 뿐이다.

세 번째, 건설적인 피드백이 필요하다. 전문가의 피드백은 어느 부분을 개선해야 하는지 알게 해주기 때문에 이를 통해 습관적인 반복에서 벗어날 수 있다. 이러한 피드백을 받은 후 부족한 부분에 대한 행동 수정도 이루어져야 한다. 이때 잘못된 부분을 바로 잡기 위해 악기연주나 운동의 전 과정을 반복적으로 다시 연습하기도 하는데, 저자들은 잘못된 부분에 대한 집중적 개선이 더 중요하다고 강조하였다.

네 번째, 안전지대(comfort zone)를 벗어날 때 가능하다. 저자들은 익숙한 영역에서만 연습을 하면 노력이 배신하는 결과를 맛보게 된다고 말한다. 열심히 노력은 하는데 발전이 없는 것이다. 이는 적절한 난이도의 과제를 수행하지 않았기 때문일 수 있다. 10년 동안 매일 비슷한 수준의 곱셈 문제를 10개씩 풀었다고 수학분야에서 전문가가 되는 것이 아니다. 도전하는 즐거움을 맛볼 수 있도록 너무 어렵지도 쉽지도 않은 수준의 과제로 연습을 할 때 습관적인 반복을 피할 수 있다.

다섯 번째, 심적 표상을 활용할 수 있다. 지속적으로 연습 과정을 머릿속에서 이미지화함으로써 잘못하고 있는 부분을 발견하여 올바르게 고칠 수 있다. 저자들은 이러한 심적 표상이 반복적으로 이루어지면 기억력도 높아지고 과제의 난이도에 맞는 적절한 연습기법도 찾을 수 있게 된다고 말한다. 보다 견고한 심적 표상이 발달되면 목표를 위해 구체적으로 무엇을 해야 하는지 명확하게 시각화활 수 있기 때문이다. 이는 악보를 눈으로만 보고도 자신이 해석한 예술적 이미지를 만들어내고 이를 소리로 연주할 방법을 찾아내는 연주자와 같다.

2.1.5. 전문가는 목표를 향해 나아가는 힘을 가지고 있다

목표를 설정하고 그 목표를 향해 나아갈 수 있도록 하는 힘은 무엇일까? 우리를 지속적으로 움직이게 하는 원동력은 무엇일까? 전문가는 이러한 힘을 뜻하는 동기(motivation)를 가지고 있다.

그렇다면, 동기는 언제 높아지는 것일까? 동기 연구자들은 우리에게 목표를 잘 달성할 수 있다는 믿음이 있고 수행

과제가 우리에게 가치 있다고 여겨질 때 높아진다고 하였다 (Wigfield & Eccles, 2000). 그 가치에는 목표에 도달하는 것 자체에 의미를 두는 달성가치와 미래에 유용하기 때문에 가치 있다고 여기는 효용가치가 있다. 예를 들어, 자신을 훌륭한 예술가라고 생각하면서 좋은 작품을 만드는 것 자체에 의미를 두고 작품에 몰입한다면 달성가치로 인해 동기가 높아졌다고 볼 수 있다. 하지만 게임 프로그래머가 되고 싶은 학생이 게임 프로그래밍에 수학공식이 유용하기 때문에 수학공부를 열심히 한다면 학습에 대한 효용가치로 인해 동기가 높아졌다고 볼 수 있다.

동기는 성공과 실패의 원인을 어떻게 추론하는가에 따라서도 달라질 수 있다. 학습동기에서는 학업성취의 결과를 크게 능력, 노력, 운, 과제난이도와 같이 네 가지의 원인으로 추론하는데, 통제할 수 있는 노력으로 귀인하면 동기가 높아지지만 통제 불가능한 다른 요소들에 귀인하면 동기가 높아지기 어렵다(Eggen & Kauchak, 2010). 왜냐하면 본인의 통제 범위 밖의 원인으로 성공과 실패가 결정된다고 믿으면 아무리 애쓰고 노력해도 결과가 달라지지 않을 것이라고 생각하기 때문이다.

또한, 본인이 과제를 스스로 결정할 수 있을 때 동기가 높아지기 때문에 다양한 선택의 기회를 가지는 것이 중요하다(Ryan & Deci, 2000). 혹시 매사에 동기가 저하되어 있다면, 현재 내가 스스로 선택해서 수행하고 있는 업무가 너무 부족한 것은 아닌지 생각해 볼 필요가 있다. 자기결정성을 증진시키기 위해 과제수행 중 작은 결정이라도 스스로 해보려는 노력이 필요하다.

동기는 무엇인가를 충족시키고 싶은 욕구와도 관련이 있다. 이러한 욕구는 무언가 부족하고 모자란 결핍의 상태에서 발생된다. 미국의 영향력 있는 블로그 작가인 Tim Urban은 'Wait But Why'라는 블로그를 운영하면서 '우리는 왜 자꾸 미룰까?', '우리는 왜 항상 늦을까'와 같이 일상에서 궁금한 이야기를 심리학적 관점으로 풀어서 직접 그린 귀여운 그림과 함께 포스팅하고 있다. 그런데 주목할 점은 바로 항상 미루거나 늦는 버릇을 가진 작가 본인의 이야기에서 출발하고 있다는 점이다. 블로그에도 작가 본인을 "나의 심리학적 약점에 관한 글을 포스팅하는 사람"으로 소개하고 있다. 작가 자신의 약점과 결핍이 창조의 소재가 되었고 글을 쓰고자 하는 동기를 높여주었던 것은 아닐까?

만약 여러분에게 동기가 없다면, 결핍이 부족한 것은 아닌가 생각해보았으면 좋겠다. 결핍의 반대인 과잉은 오히려 거부를 낳는다고 했다. 우리는 결핍을 두려워하고 과잉을 추구하지만 과잉은 내가 정말 하고 싶어 하는 것이 무엇인지

찾을 수 있는 기회를 주지 않는다. 반면 혹시 여러분이 결핍의 상태에 있다면 그 어려운 상황을 동기를 이끌어 낼 수 있는 소중한 기회로 삼을 수 있기를 바란다. 전문가는 이 위기를 기회로 삼을 수 있는 사람이며, 그 기회를 통해 자신의 전문성을 더 크게 향상시킬 수 있을 것이다.

그런데 이와 같이 결핍이 동기를 유발시키는 이유는 무엇인가? 결핍은 우리에게 목표를 세우게 해주기 때문이다. 어떤 목표를 가졌는가에 따라 우리의 동기는 달라질 수 있다. 교육심리학 이론에서 목표는 크게 숙달목표와 수행목표로 구분한다(Eggen & Kauchak, 2010). 숙달목표는 과제를 잘 이해하는 것에 목적을 두는 목표이고, 수행목표는 다른 사람과의 비교를 목적으로 두는 목표이다. 숙달목표가 높은 사람은 과제에 대한 깊은 이해를 통해 자신이 발전하는 것에 중점을 둔다. 수행목표는 두 가지 성향으로 구분되는데 접근성향은 다른 사람보다 우수함을 과시하는 것에 집중하고, 회피성향은 다른 사람보다 열등하게 보이지 않도록 하는 것에 집중한다. 다른 사람에게 인정받기 위해 노력한다면 수행접근성향을 가지고 있는 것이고, 다른 사람들에게 비난 받지 않기 위해 노력한다면 수행회피성향을 가지고 있는 것이다. 우리가 예상할 수 있듯이 수행목표보다 숙달목표가 보다 의미 있는 성취를 이루게 해준다.

그렇다면 우선, 각자의 전문분야에서 과업을 수행할 때 자신은 어떤 목표를 가지고 있는지 점검해 볼 필요가 있다. 특히 다른 사람에 대한 인정이나 나의 체면을 중시하는 사회에서는 다른 사람보다 우수한 것을 과시하거나, 다른 사람보다 부족해 보이는 것을 회피하기 위한 목표를 가지게 되는 경우가 많다. 학벌과 스펙을 강조하는 사회풍토 속에서 숙달목표를 가지고 살아가기란 현실적으로 쉽지 않다. 하지만 우리가 수행목표가 아닌 숙달목표를 가진다면 수행결과에 대해서도 절대적 기준으로 평가하며 남들과 비교하지 않게 된다. 여러분은 경력창조에 대하여 어떤 목표를 가지고 있는가? 경력창조를 통해 남들보다 우수하다는 것을 보여주기보다 경력창조의 과정을 깊이 이해하면서 여러분이 성장하고 발전하는 것에 더 집중하기를 바란다.

2.2. 창력은 창의성으로 융합된다♦

경력창의성의 구성요소는 경력자본, 창의성, 디자인역량이다. 경력자본인 전문성이 창력의 기반이 된다면, 창의성으로 창력은 융합되고, 디자인역량으로 실현되어 창무(創務), 창직(創職), 창업(創業)을 가능하게 해준다.

경력창조에 있어서 창의성은 어떤 특성을 가지고 있을

까? 경력창조에서의 창의성은 학습에서의 창의성과 어떻게 다를까? 경력자본만 가지고 있는 전문적인 사람과 경력창조가 가능한 창의적인 사람의 특성은 어떻게 다를까? 이 장에서는 창의성을 경력창조를 가능하게 하는 창력의 구성요소로서 살펴보고자 한다. 이 장을 통해 개개인이 창력에 필요한 창의성 요소를 가지고 있는지 점검해보고, 각 요소들을 어떻게 경력창조에 적용해 발전시켜 나갈지 고민해볼 수 있을 것이다.

<u>2.2.1.</u> 창의성은 문제발견에서 시작된다

경력자본만 가진 전문가와 경력창조가 가능한 창의적 전문가의 가장 큰 차이점은 아마도 '문제발견력'일 것이다. 앞서 살펴보았듯이, 전문가는 다음과 같은 특징을 가지고 있다.

1) 전문성은 영역특수적이다.
2) 전문가는 의미기반 지식구조를 가지고 있다.
3) 전문가는 인지하는 것에 대해 인지할 수 있다.
4) 전문가는 목적 있는 의식적인 연습을 한다.
5) 전문가는 목표를 향해 나아가는 힘을 가지고 있다.

이와 같은 요소들은 모두 잘 정의된 과제를 효율적이고 생산적으로 수행하는 데 중요하다. 즉, 무엇을 어떻게 해야 하는지 잘 명시된 과제에 대하여 끊임없이 노력하고 인내하고 연습하는 것이 중요하다.

하지만 창의적인 사람들에게는 잘 정의되지 않은 과제를 자신만의 방법으로 수행하는 것이 필요하다. 잘 정의되어 있지 않다면, 수행자 스스로가 그 과제를 명시할 수 있어야 하는데, 이를 위해 필요한 역량이 바로 '문제발견력'이다. 즉, 전문적인 사람들은 이미 주어진 문제를 빠르고 정확하게 해결하는 데 주력한다면, 창의적인 사람들은 무슨 문제를 해결할 것인가부터 찾는다.

이러한 문제발견을 위해서는 문제인식이 선행되어야 하는데, 우리는 언제 문제를 인식하게 될까? 대표적인 심리학자인 Jean Piaget에 의하면, 우리는 새로운 경험이 주어졌을 때 기존의 인지구조에서 부적합성을 느끼게 될 때 문제를 인식하게 된다고 한다. 그리고 이러한 인지적 갈등을 극복하는 노력을 통해 인지구조가 한층 정교화되어 인지발달이 이루어질 수 있다고 한다. 즉, 학습과정에서 문제를 인식하기 위해서는 무언가 적합하지 못하다고 느끼는 불편함이 선행되어야 한다. 그 불편함으로 인해 문제가 인식되고 문제가 발견되며, 그 문제를 해결하기 위해 노력하는 과정에서 학습이 일어난다.

이와 같은 원리는 학습과정에서 뿐만 아니라 경력창조 과정에서도 적용될 수 있다. 그런데 학습과정에서는 '인지적' 부적합성과 갈등을 강조했다면, 경력창조 과정에서는 '비인지적'인 측면도 함께 고려되어야 한다. 경력창조는 학습보다 훨씬 더 포괄적이고 역동적인 인생에 대한 과업이기 때문이다. 학습과정에서 인지적 부적합성을 겪는 것보다 훨씬 더 총체적이고 다면적인 측면에서의 불균형, 부적합성, 갈등을 경험할 수 있어야 한다. 예를 들어, 동기적(motivational) 불균형, 성향적(dispositional) 불균형, 양식(style)적 불균형과 같은 비인지적 갈등이 유발되었을 때, 이 갈등을 인지하는 과정에서 경력창조를 위한 문제가 인식되고 발견될 수 있다.

그런데 이러한 비인지적 갈등은 학습에서의 인지적 갈등과 같이 책상에 앉아서만은 경험할 수 없다. 다양한 현장에서 실제적으로 갈등상황에 부딪히면서, '왜 하고 싶지 않을까?', '왜 이러한 사람들과는 불편할까?', '왜 흥미가 생기지 않을까?' 등과 같은 문제를 인식할 수 있어야 한다. 이는 많은 창의성 연구자들이 실제적 체험을 강조하는 것과 일맥상통한다. 전문성은 책상에 앉아서 향상될 수 있지만, 창의성은 현장에서 계발될 수 있다. 창의적 문제발견의 경우에는 더더욱 체험이 중요하다. 혹시 여러분은 직업현장에서 이러한 비인지적 갈등상황을 경험하고 있지 않은가? 그렇다면, 이 기회를 새로운 경력창조를 위한 문제발견의 기회로 삼기를 바란다.

경력창조의 과정은 문제발견으로부터 시작된다. 경력창조를 위해서는 어떤 문제를 발견해야 할까? 구체적으로, 경력창조자의 주체인 나에 대해, 경력창조가 이루어지는 과정에 대해, 경력창조가 실현되는 환경에 대해, 그리고 경력창조 과정에서 생산되는 산출물에 대한 문제가 발견되어야 한다.

그렇다면, 이러한 문제발견력은 어떻게 계발시킬 수 있을까? 문제발견력 계발 방안을 살펴보기 위해서는 우선 이를 어떻게 측정하고 있는지 살펴보는 것이 필요하다. 창의성 연구자들은 주로 확산적 사고를 통해 문제발견력을 측정한다. 확산적 사고는 정보를 광범위하게 탐색하여 다양한 아이디어를 생성하는 능력으로 유창성, 유연성, 독창성 등으로 구성되어 있다(Charles & Runco, 2001). 유창성은 많은 아이디어를 생성할 수 있는 능력이고, 유연성은 다양한 범주에 속한 아이디어를 생성할 수 있는 능력이며, 독창성은 남들과 다른 독특한 아이디어를 생성할 수 있는 능력이다. 따라서 경력창조를 위한 문제발견도 이와 같은 요소로 평가해볼 수 있을 것이다. 내가 지금 직업현장에서 경험하고 있는 문제들을 나열해보자. 얼마나 많은 문제를 발견하였는가? 얼마나 다양한 범주의 문제를 생각했는가? 얼마나 남들이 생각하기 어려운 독특한 문제를 떠올렸는가?

그런데 이와 같은 확산적 사고에 앞서 보다 근본적으로 발현되어야 할 요인이 있다. 그것은 바로 공감능력이다. 공감능력과 문제발견은 무슨 관련이 있을까? 우리는 자신의 문제에 집중할 뿐 아니라 타인의 어려움에 공감할 수 있을 때 진정성 있는 문제를 발견할 수 있다. 확산적 사고가 머리로 문제를 찾는 것이라면 공감은 마음으로 문제를 느끼는 것이다. 이는 우리의 경력창조가 나를 위한 창조를 넘어 세상에 영향력을 미칠 수 있는 의미 있는 창조가 될 수 있게 해준다. 이에 관하여는 디자인역량을 설명하는 2.3절에서 자세하게 다루고자 한다.

2.2.2. 창의성은 나의 선호를 반영한다

경력자본만 가진 전문가와 경력창조가 가능한 창의적 전문가의 또 다른 차이점은 과제에 자신의 선호를 얼마나 반영할 수 있는가?의 문제이다. 전문가는 주어진 과제에 자신을 맞추어야 하는 반면, 창의적 전문가는 자신에게 과제를 맞출 수 있다. 왜냐하면 전문가는 주어진 문제를 매뉴얼에 따라 효율적으로 해결하기 위해 노력하는 반면, 창의적 전문가는 자신의 선호와 역량에 맞는 과제를 선택하여 자신만의 방법으로 완수해갈 수 있기 때문이다. 전문가들은 문제를 잘 해결하는

데 집중한다면, 창의적 전문가들은 과제를 수행하는 과정에 더 집중한다. 본인이 선택한 과제를 수행하는 과정을 즐길 수 있게 되고, 그 즐거움으로 창의적 결과물을 생산할 수 있다.

이와 같이 과제에 대한 선택이 창의성에 중요한 이유는 무엇일까? 자기결정성 이론(Ryan & Deci, 2000)에 따르면, 인간에게는 자율성에 대한 욕구가 있어서, 스스로 선택할 수 있는 기회가 주어질 때 내재동기가 증가된다고 한다. 이러한 내재동기는 흥미를 유발시키고 창의성을 증진시켜준다.

그러나 이러한 선택에는 책임이 따른다. 현명한 선택을 위해서는 내가 좋아하고 잘 할 수 있는 것이 무엇인지 알아야 한다. 그런데 그동안 우리는 전문성 계발에만 지나치게 길들여져 있어서 주어진 문제를 해결하는 것에 더 익숙할 수 있고, 나의 선호와 역량에 대해 잘 모를 수도 있다. 선택하는 것을 두려워하거나 현명한 선택에 대한 자신감이 부족할 수 있다. 하지만 이제는 4차 산업혁명 인공지능시대이다. 정해진 매뉴얼에 따라 정답이 정해진 문제를 해결하는 것은 인공지능이 인간보다 훨씬 우세하다. 이제는 나만의 고유한 개성과 역량을 잘 발휘할 수 있는 과제를 선택하는 것을 주저해서는 안 될 것이다.

그렇다면, 우리는 어떻게 나의 선호와 역량을 잘 파악할 수 있을까? 창의성 실현을 위한 중요한 요소 중 하나인

양식(style)에 대한 탐색이 도움이 될 수 있다. 양식은 개인의 능력이나 성격과는 구별된 심리학적 요인으로, 개인의 선호를 반영한다. 따라서 양식은 더 좋고 나쁜 것으로 평가될 수 없으며, 어떤 유형이든지 존중받게 된다. 그동안 심리학자들은 다양한 인간의 양식을 연구해 왔는데, 다음에서 경력창조와 관련된 양식을 좀 더 자세히 살펴보고자 한다.

(1) 창의적 문제해결 양식

창의적 문제해결 양식은 Basadur(1994)에 의해 제안된 개념이다. 경력창조 과정에서 우리는 끊임없이 정답이 없는 문제를 창의적으로 해결해야 하는 상황을 맞이하게 될 것이다. 창의적 문제해결 양식은 이 과정에서 나타나는 개인의 선호나 우세함을 유형별로 구분하여 개념화하였다. 이 양식은 크게 '지식의 습득'과 '지식의 활용'이라는 두 축을 기준으로 삼는다. 지식의 습득은 '경험'과 '이론'으로 나뉘고, 지식의 활용은 '창조'와 '평가'로 구분된다. '경험'을 통해 지식을 습득하고 '창조'를 통해 지식을 활용하는 것을 선호한다면 생성가 유형이며, '이론'을 통해 지식을 얻고 '창조'로 지식을 사용하는 경향성을 가지면 개념가 유형에 해당한다. '이론'을 통해 지식을 습득하고 '평가'를 통해 지식을 사용하는 유형은 수립자이며, '경험'을 통해 지식을 얻고 '평가'를 통해 지식을 활용하는 유형은 실행가로 구분된다([그림 2-1] 참고).

Basadur(1994)에 의하면, 같은 분야 안에서도 창의적 문제해결 양식에 따라 선호하는 업무가 다를 수 있다. 경영 분야를 예로 들면, 생성가들에게는 교육 담당업무나 행정업무가 잘 맞을 수 있고, 개념가들에게는 기획, 디자인, R&D 와 같은 업무가 더 적절하다고 제안한다. 생성가들은 자신의 경험을 토대로 실무에 필요한 아이디어와 콘텐츠를 생성할 수 있고, 개념가들은 습득한 이론과 지식을 기반으로 새로운 실행 전략이나 개념적 모델을 제안할 수 있다.

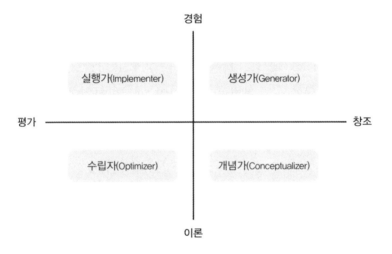

[그림 2-1] Basadur(1994)의 창의적 문제해결 양식

수립자들에게는 IT 프로그래밍 및 분석, 제조 엔지니어

링, 회계담당과 같은 업무가 잘 맞으며, 실행가들에게는 고객서비스, 프로젝트 매니저, 영업 등의 업무를 추천한다. 수립자들은 습득한 이론과 데이터를 시스템을 통해 분석 및 처리하여 그 결과를 토대로 객관적이고 실제적인 대안을 수립할 수 있고, 실행가들은 직접 현장에서 고객이나 관계자들과 상호작용한 경험을 바탕으로 프로젝트 실무과정을 평가할 수 있다.

창의성 연구자로서 창의적 문제해결 양식의 차이를 공동연구과정에서도 발견할 수 있었다. 모든 과정에 모든 연구자가 함께 참여하지만 창의적 문제해결 양식에 따라 주요하게 담당하는 핵심역할에 차이가 있었다. 생성가들은 자신의 경험을 바탕으로 새로운 연구주제에 대한 참신한 아이디어를 끊임없이 발산한다. 생성가들의 주관적인 아이디어를 타당한 이론적 기틀과 연계시켜 연구모델로 발전시키는 것은 개념가들의 몫이다. 수립가들은 수집된 데이터를 과학적으로 분석하여 객관적인 연구결과를 산출하고, 실행가들은 산출된 연구결과가 현장에 적용되었을 때 어떤 시사점을 줄 수 있는지 실제적 의의를 제안한다.

여러분은 직접적 경험을 통해 현장에서 지식을 습득하는 것을 더 선호하는가, 아니면 실제 경험보다는 추상적인 이론을 통해 배우는 것을 더 선호하는가? 습득된 지식을 활용하고 처리하는 데 있어서 새로운 아이디어나 콘텐츠를 만들어내는 것을 좋아하는가, 아니면 주어진 지식을 체계적이고 분석적으로 평가하는 것을 더 즐기는가? 각자의 창의적 문제해결 양식에 따라 선호를 반영할 수 있는 업무를 선택하는 것은 경력창조 과정에서 매우 중요한 부분 중 하나일 것이다.

(2) 학습양식

앞에서 살펴본 창의적 문제해결 양식은 한 분야 안에서 이루어지는 일련의 창의적 과정을 4가지의 유형으로 분류하여 제시하였다. 이는 경력을 창조하고자 하는 특정 분야가 결정되면, 그 분야 안에서 어떤 세부적인 업무를 선택해야 할 것인가 고민될 때 고려해 볼 수 있는 양식이다. 하지만 아직 특정 분야가 결정되지 않아 영역에 대한 선택을 해야 하는 상황에서는 어떻게 해야 할까? 아직 내가 더 선호하는 분야나 영역을 알고 싶을 때는 어떤 양식을 고려해보면 좋을까?

Kolb(1985)에 의해 제안된 학습양식은 다양한 영역에 대한 선호를 반영한다. 학습양식은 새로운 '정보의 지각'과 '경험의 처리'라는 두 축을 기준으로 분류된다. '정보의 지각'은 '구체적 경험'과 '추상적 개념화'로 나누어지고, '경험의 처리'는 '사고'와 '행동'으로 구분된다. '구체적 경험'을 통해 새로운 정보를 지각하고 '사고'를 통해 경험을 처리하는 것을 선호하는 유형은 발산적 양식이며, '추상적 개념'으로 정보를 받아들이고 '사고'를 통해 경험을 처리하는 것을 선호하는 유형은 동화적 양식이다. '추상적 개념'으로 정보를 지각하고 '행동'으로 경험을 처리하는 것을 즐기는 유형은 수렴적 양식이며, '구체적 경험'으로 정보를 받아들이고 '행동'으로 경험을 처리하는 것을 좋아하는 유형은 조절적 양식이다([그림 2-2] 참고).

[그림 2-2] Kolb(1985)의 학습양식

그렇다면 이러한 학습양식이 경력창조와 어떤 관련이 있을까? Kolb는 이 학습양식이 전문적인 교육영역이나 직업유형과 연관이 있다고 하였다. 구체적으로, 발산적 양식은 구체적 경험을 토대로 행동보다는 생각을 통해 경험을 처리하는 유형으로 개인의 경험과 주관적 생각을 중시하는 예술, 문학과 같은 교육영역과 사회적 서비스, 커뮤니케이션과 관련된 개인적인 직업을 선호한다. 동화적 양식은 구체적 경험보다는 추상적 이론을 바탕으로 행동보다는 생각하며 경험을 처리하는 것을 선호한다. 이 양식은 이론적 기틀이 확고한 경제학, 수학과 같은 교육 분야와 관련이 있고, 과학적 연구나 정보처리와 관련된 정보적 직업을 추천한다. 수렴적 양식의 경우, 추상적 이론을 토대로 실험과 같은 행동을 통해 학습하는 유형이다. 대표적으로 실험과 실습이 필수적인 엔지니어링, 기초과학과 같은 분야와 관련이 있으며, 테크놀로지, 환경과 연관 있는 기술적 직업을 제안한다. 마지막으로, 조절적 양식은 현장에서의 경험을 토대로 정보를 습득하고 실제적 행동으로 그 경험을 처리하는 것을 선호한다. 이 양식은 현장 감각과 실행역량을 중시하는 경영 분야와 연관되며 이러한 유형에는 조직관리, 비즈니스와 관련된 실행적 직업을 추천한다.

여러분이 만일 경력창조 과정에서 본인에게 적합한 직업의 영역이나 유형을 점검해보고 싶다면, 이 학습양식을 살펴보기를 제안한다. Kolb는 특별히 개인적 직업을 추천한 발산적 양식에는 가치지향적 기술을, 정보적 직업을 제안한 동화적 양식에는 사고 기술을, 기술적 직업을 연결시킨 수렴적 양식에는 결정 기술을, 실행적 직업을 추천한 조절적 양식에는 행동 기술을 강조했다. 여러분이 선호하는 학습양식, 그 양식이 제안하는 교육영역 및 직업군, 그리고 각 양식에서 강조하는 기술들을 종합적으로 살펴봄으로써 경력창조 과정에서 여러분의 선호가 중요한 선택과 결정에 충분히 반영되기를 바란다.

(3) 사고양식과 표현양식

우리가 경력창조 과정에서 고려할 수 있는 또 하나의 양식은 Sternberg(1999)가 제시한 사고양식이다. Sternberg는 독특하게도 우리의 사고양식을 국가기관의 삼부인 입법부, 행정부, 사법부로 구분하여 제시했다. 입법적 사고양식은 새로운 것을 만들어내고, 고안하는 것을 선호하는 유형으로 새로운 프로젝트를 디자인하거나 기획하는 것을 즐긴다. 행정적 사고양식은 새로운 창안보다는 실제적인 실행을 강조한다. 즉, 이미 기존에 수립된 규칙이나 매뉴얼에 따라 업무를 정확하게 수행하는 것을 선호한다. 마지막으로 사법적 사고양식은 평가와 판단이 핵심이다. 기존의 규칙이나 실행과정을 비판적 관점에서 평가하고 건설적인 피드백을 제공하는 것을 즐긴다.

그렇다면, 이러한 사고양식이 경력창조 과정에서 어떻게 유용하게 사용될 수 있을까? Sternberg는 입법적, 행정적,

사법적 사고양식에 따라 적합한 직업 유형이 다르다고 제안한다. 구체적으로 살펴보면 새로운 것을 만들어내는 것을 선호하는 입법적 사고양식은 과학자, 예술가, 정책 고안자 등의 직업을 추천한다. 주어진 규칙과 과정을 잘 따르는 것이 중요한 행정적 사고양식은 의사, 변호사, 행정가 등의 직업을 제안한다. 사실상 우리나라의 교육정책상 고등학교에서 문과, 이과가 구분되면서 의사와 법조인은 매우 성격이 다른 직업으로 여겨져온 것이 사실이다. 하지만 Sternberg의 사고양식에 따르면 이 두 직업 모두 주어진 매뉴얼이나 논리를 잘 따르는 것이 중요하다는 측면에서 볼 때 비슷한 직업군이 될 수 있다. 즉, 의사와 법조인이 축적하고 다루는 지식의 내용은 서로 다를 수 있어도 이 두 직업 모두 주어진 현상을 잘 분석하여 논리적으로 문제를 해결하는 것이 중요할 것이다. 마지막으로, 사법적 사고양식은 평론가, 칼럼리스트, 스포츠 경기 심판 등 다른 사람들의 작품이나 행동에 대하여 평가하고 판단하는 직업과 관련이 있다.

이러한 사고양식은 서로 같은 흥미를 가지고 있더라도 그 흥미와 관련된 다양한 직업 중 어떤 일이 더 적합한지 추론하게 해준다. Renzulli와 Reis(2003)는 우리의 사고를 표현하는 양식으로 쓰기, 말하기, 서비스, 예술적, 상업적, 조작적 유형 등을 제안했는데, 우리의 흥미, 사고양식, 표현양식을 종합적으로 고려하여 한 분야 안에서도 서로 다른 세부 직업 및 직무를 고려해볼 수 있다.

예를 들어, 만일 여러분이 영화라는 분야에 흥미가 있다고 하자. 이때, 입법적 사고양식에 쓰기 표현양식이 우세하다면 영화 시나리오 작가가 적합하겠지만, 입법적 사고양식에 예술적이거나 조작적(만들어 내는) 표현양식이 우세하다면 영화감독이 더 맞을 수 있을 것이다. 또한, 쓰기 표현양식을 선호하지만 사법적 사고양식으로 평가하고 판단하는 것을 좋아한다면 영화평론가를 추천해볼 수 있다. 같은 영화에 흥미가 있어도 실행적 사고양식을 가지고 서비스로 표현하는 것을 더 즐긴다면 영화제작과 관련된 업체 및 기관에서 행정가로서 일하는 것이 더 적합할 것이다([그림 2-3] 참고).

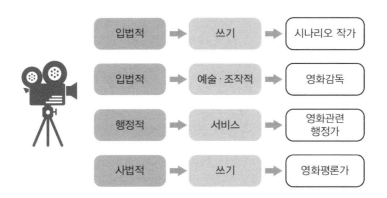

[그림 2-3] 사고양식과 표현양식에 따라 추론된 영화관련 직업의 예

⑷ 영재성 발현 양식

여러분은 자신을 영재라고 생각해본 적이 있는가? 영재라는 용어는 타고난 천재나 비범한 사람을 생각하기 쉽지만, 최근 영재성에 대한 개념과 정의가 다양해지면서 다양한 범위의 사람들이 영재로 여겨지고 있다.

Renzulli(1986)가 제안한 영재성의 정의가 가장 널리 사용되고 있는데 그의 이론에 따르면 보통 수준 이상의 지능, 과제집착성, 창의성을 가지고 있는 사람을 영재라고 볼 수 있다. 즉, 우리가 흔히 생각하는 비범한 천재나 특출난 재능을 보유한 사람이 아니더라도 영재가 될 수 있다. 그렇다면, 영재인가 아닌가를 판별하는 기준인 과제집착성과 창의성은 언제 나타날 수 있을까? 이러한 요소들은 보통 우리가 좋아하는 일, 하고 싶은 일을 할 때 잘 발현된다. 따라서 Renzulli가 제시한 영재성의 개념은 개인의 선호, 흥미, 적성과 밀접한 관련을 갖는다. 즉, 평범해 보이는 사람이라도 자신이 좋아하고 원하는 일을 할 때 영재가 될 수 있으며, 자신의 적성을 잘 알고 그에 맞는 일에 몰입하여 창의적인 수행을 할 때 영재성이 발현된다고 볼 수 있다.

이러한 관점에서, 영재성의 발현 양식도 우리의 경력 창조 과정에서 고려될 수 있는 중요한 요소가 될 수 있다. 자신의 흥미, 적성, 선호를 반영하여 창의적으로 경력을 만들어가는 것은 성공적인 경력창조를 위해 매우 결정적인 부분이기 때문이다. 그런데 이러한 영재성 발현 유형을 직업세계와 연관하여 제시한 연구자가 있다. Tannenbaum(2003)은 영재성 발현과정을 '누가', '무엇을', '어떻게'의 측면으로 분석한 후, 이 세 가지 요소가 종합적으로 고려되었을 때 가장 적합한 직업군을 제안했다. '누가'의 관점에서는 생산자와 수행자로 나뉜다. '무엇을'의 관점은 생산자와 수행자에 따라 다르게 나타나는데, 생산자는 생각과 실재물을 만들어 내는 것으로 구분되고, 수행자는 무대에서의 예술행위와 인간 서비스 행위로 나누어진다. 이와 같이 분류된 생각의 생산자, 실재물의 생산자, 무대예술 수행자, 인간 서비스 수행자는 '어떻게'의 관점에 따라 다시 창의적으로 혹은 능숙하게 생산하거나 수행하는 것으로 구분되어 총 8가지의 영재성 발현 양식이 제시될 수 있다. 즉, 8가지 영재성 발현 양식은 창의적인 생각의 생산자, 능숙한 생각의 생산자, 창의적인 실재물의 생산자, 능숙한 실재물의 생산자, 창의적인 무대예술 수행자, 능숙한 무대예술 수행자, 창의적인 인간 서비스 수행자, 능숙한 인간 서비스 수행자로 구분되며, Tannenbaum(2003)은 이러한 영재성 발현 양식에 적합한 직업군을 다음과 같이 제안하였다([표 2-1] 참고).

▌표 2-1 Tannenbaum(2003)의 영재성 발현 양식

누가	무엇을	어떻게	직업군
생산자	생각	창의적으로	철학가, 작가, 시인, 화가, 작곡가, 과학자(혁신적 이론가), 역사학자
		능숙하게	컴퓨터 프로그래머, 웹 또는 책 에디터, 컴퓨터 엔지니어, 과학자(혁신적 이론가보다는 복잡한 문제해결자)
	실재물	창의적으로	발명가, 조각가, 건축가, 디자인 엔지니어
		능숙하게	다이아몬드 세공인, 목조 세공인, 도구 생산자
수행자	무대예술	창의적으로	리사이틀 연주자, 오케스트라 지휘자, 연극배우, 댄서
		능숙하게	오케스트라 단원, 영화배우, 백댄서, 코러스 단원
	인간 서비스	창의적으로	혁신적인 교사, 정치적 리더, 행동 및 사회과학자
		능숙하게	교사, 의사, 심리학자, 행정가

[표 2-1]에서 살펴볼 수 있듯이, 우리가 흔히 비슷한 직종이라고 생각했던 직업이 서로 다른 유형으로 분류되기도 했다. 예를 들어, 작곡가, 오케스트라 지휘자, 오케스트라 단

원, 리사이틀 연주자는 모두 음악 분야에 속한 직업이다. 하지만 새로운 음악을 만들어내는 작곡가는 수행가인 다른 직업들과 다르게 생산자이다. 같은 무대예술 수행자라도 오케스트라 지휘자와 리사이틀 연주자는 창의적으로 자신의 음악을 연주하는 것이 더 강조되는 반면, 오케스트라 단원은 자신만의 음악세계를 드러내는 것보다 다른 연주자들과 함께 호흡하며 자신에게 주어진 부분을 능숙하게 연주하는 것이 더 중요할 것이다. 따라서 같은 음악 분야에 흥미를 가진 사람도 음악을 만들어내는 것과 수행하는 것 중 어떤 것을 더 선호하는지를 살펴볼 필요가 있으며, 수행하는 것을 더 즐긴다고 하더라도 창의적으로 수행하는 것과 능숙하게 수행하는 것 사이에서 자신에게 더 적합한 것이 무엇인지 생각해볼 필요가 있다.

더욱이, 같은 직업이라도 '어떻게'에 따라 서로 다른 부류의 직종으로 구분되는 경우도 있다. 같은 과학자라도 혁신적인 이론을 만들어내는 경우는 창의적인 생산자에 속하지만, 새로운 이론 제안보다는 복잡한 과학문제의 논리적 해결에 주력한다면 능숙한 생산자에 속할 수 있다. 사회과학자의 경우도 자신만의 연구문제를 가지고 독창적인 실험을 통해 새로운 이론을 제안하는 경우는 창의적인 생산자일 수 있지만, 사회현상을 전체적인 관점으로 파악하고 그 현상을 있는 그대로 기술하여 사회문제의 경향성을 파악하는데 집중한다면 능숙한 생산자에 더 가깝다. 교사의 경우도 늘 창의적으로 새로운 교수법을 실험적으로 시도해보는 교사와 혁신적이지는 않지만 내용지식을 성실하고 능숙하게 가르치는 교사는 서로 다른 영재성 발현 양식을 지니고 있음을 알 수 있다.

반면, 매우 다른 성격을 가졌다고 생각해온 직종이 같은 직업군에 속하기도 했다. 예를 들어, 작가, 시인, 화가와 같은 예술가와 과학자는 예술과 과학을 극과 극의 학문으로 여겨 매우 다른 직업으로 인식되어 온 것이 사실이다. 우리나라에서는 고등학교 때 문과, 이과, 예체능 계열이 분리되면서 현실적으로 이과에서는 예술적 전문성을 키울 수 있는 기회가 적었고, 예체능 계열에서는 수학이나 과학과 같이 이과에서 강조하는 과목을 집중적으로 수학하기 어려웠기 때문이 아닐까 생각한다. 이러한 경험적인 이유 뿐 아니라 이론적, 학술적 차원에서도 과학영역과 예술영역은 서로 다른 특성을 지니고 있다는 근거들이 무수히 제시되어왔다. 영역특수적 관점에서 창의성의 차이를 논할 때에도 과학과 예술을 비교하는 경우가 많이 있었으며, 이로 인해 과학자와 예술가의 특성적 차이에 대한 연구도 활발히 수행되어왔다.

물론, 과학영역과 예술영역의 이러한 특성적 차이도 경력창조 과정에서 영역이나 분야를 선택할 때 고려되어야 하는 중요한 요소이다. 하지만 이러한 영역에 대한 차이 때문에 과학자와 예술가가 공통으로 소유하고 있는 영재성 발현 양식이 지나치게 간과되어서는 안 될 것을 강조하고자 한다. 즉, 우리가 경력창조 과정에서 고려해야 할 선호나 양식은 하나의 이론이나 관점이 아니며, 서로 상충될 수도 있는 매우 다양한 이론적 기틀과 관점을 종합적으로 반영하여 우리의 선호와 양식을 다차원적으로 살펴볼 필요가 있다. 예술가와 과학자가 다루고 있는 영역의 지식은 다르더라도, 새롭게 자신만의 생각이나 산출물을 창의적으로 생산한다는 측면에서는 비슷한 유형의 직업군으로 분류될 수 있다. 여러분이 만일 흥미가 있는 분야에 대한 확신은 있지만, 아직 그 분야에서 무엇을, 어떻게 생산 혹은 수행해야 할지 고민된다면, Tannenbaum의 이론이 좋은 선택을 하는데 도움이 되길 바란다.

2.2.3. 창의성에도 메타인지가 필요하다

인지하는 것을 인지할 수 있는 능력인 메타인지는 학업성취를 위한 학습과정에서 필수적인 요소이다. 경력창의성의 기반이 되는 경력자본(전문성)에서도 메타인지의 중요성을 다루었다. 전문가는 인지하는 것을 인지할 수 있기에, 과제를 수행할 때 내가 이 과제를 얼마나 잘 해낼 수 있는지 또는 잘 해내지 못할지 알 수 있고, 어떤 전략을 언제, 어떻게 사용할지도 생각해낼 수 있다.

그런데 이와 같은 메타인지는 창의성에서도 중요하다. 창의성 분야에서 창의적 메타인지라는 개념이 등장했고, 학습에서의 메타인지와는 구분된다는 주장이 대두되고 있다. 물론 아직 학자들 사이에서 창의적 메타인지에 대한 명확한 개념화가 이루어지지는 않았지만, 메타인지의 기본 개념을 토대로 살펴볼 때 창의적 활동의 주체인 나에 대하여 알고, 창의적 과제에 대하여 알고, 그 과제를 수행하는 전략에 대하여 아는 것을 포함하고 있다. 또한, 창의적 과제를 수행하는 그 과정을 잘 계획하고, 조정하고, 평가할 수 있는 능력을 의미할 수 있다(전경남, 2015). 더욱이, 창의성은 전문성이나 학업성취에 비해 발현되는 맥락이나 상황에 따라 매우 다르게 평가될 수 있기 때문에, 어떤 맥락과 상황에서 내가 창의적이야 하는지 인지할 수 있고 그에 따라 적절하게 창의성을 발현할 수 있는 능력도 강조되고 있다(Kaufman & Beghetto, 2013).

우리가 이렇게 전문성을 위한 메타인지와 창의성을 위한 메타인지를 구분하는 것은 경력창의성의 개념을 정립하는 데 매우 중요하다. 전문성을 위한 메타인지만 높고 창의적 메타인지는 부족하다면 경력창의성을 계발하는데 어려움이 있을 것이다. 전문성을 위한 메타인지는 특정 영역의 기술과 지식을 효율적으로 습득하는데 도움이 되겠지만, 창의적 메타인지는 습득된 기술과 지식을 역동적으로 변화하는 상황과 맥락에 따라 혁신적으로 적용하고 활용하는데 기여할 수 있다. 따라서 경력창의성을 키우기 위해서는 기본적인 경력자본 축적을 위해 필요한 전문성 메타인지와 경력자본을 창의적으로 사용하는데 필요한 창의적 메타인지 두 가지 모두 필요하다.

더 흥미로운 것은, 이러한 메타인지 개념이 경력개발에서도 중요하다는 점이다. 경력메타인지라는 용어를 사용하지는 않았지만, Akkermans와 그의 동료들(2013)은 경력개발에 필요한 경력역량에 대한 연구에서 이와 비슷한 개념들을 제시하였다. 구체적으로, 경력통제라는 개념은 내가 성취하고 싶은 경력을 개발하기 위하여 계획하고 실행할 수 있는 역량을 의미하며, 동기에 대한 반성과 자질에 대한 반성은 경력개발에 관한 나의 동기와 경력개발자로서의 나의 역량에 대하여 잘 알고 성찰하는 것을 의미한다.

이와 같이 메타인지는 전문성과 창의성 계발을 위해서 뿐 아니라 경력개발을 위해서도 중요하다. 경력창의성은 전문성과 창의성의 요소들이 화학적으로 서로 융합할 때 가능하다. 이러한 화합적 융합을 위해서 메타인지의 역할이 매우 중요하다. 경력창의성을 위해서도 메타인지가 필요한데,

이는 경력개발을 위한 메타인지를 넘어 경력창조를 위한 메타인지를 의미한다. 즉, 창력의 메타인지로서 경력창조자인 나의 자질과 동기를 알고, 경력창조 과정을 스스로 통제할 수 있는 역량을 뜻하는 것으로 볼 수 있겠다.

2.2.4. 믿음은 창의성의 원동력이다

믿음이란 눈에 보이는 과학적, 객관적 증거가 없어도 가능하다고 여길 수 있는 생각이다. 이러한 생각은 목표를 향해 나아갈 수 있도록 해주는 원동력이 된다. 이 믿음의 가장 대표적인 예는 자기효능감이다. 자기효능감은 특정한 과제를 잘 수행할 수 있다는 믿음으로 과제에 따라 달라질 수 있다(Bandura, 1997). 그래서 다양한 자기효능감이 연구되어왔다. 학습에 대한 자기효능감은 학업성취를 높인다. 하지만 좀 더 구체적으로, 수학, 과학, 음악 등과 같이 영역에 따라 효능감이 다를 수 있고, 음악 안에서도 창작, 연주, 감상 등과 같이 과제에 따라 달라질 수 있다. 따라서 좀 더 자세히, 세부적으로 살펴보는 것이 좋다.

그렇다면, 창의성에 대한 믿음은 어떠할까? 창의적 과제를 잘 수행할 수 있다는 믿음을 창의적 효능감이라고 한다. 창의적 효능감은 창의적 능력에 대한 신념으로 학습에 대한 효능감과는 다르다. 정확한 정답이 있는 수학문제 풀기를 잘 할 수 있다고 믿는 사람이 반드시 새로운 수학문제 만들기도 잘 할 수 있다고 생각하지 않을 것이다. 또한, 이러한 창의적 효능감도 과제에 따라 달라질 수 있기 때문에 창의적 과제를 세부적으로 구분하여 구체적으로 살펴볼 필요가 있다.

여러분은 경력창조자로서 경력창조를 잘 수행할 수 있다는 믿음을 가지고 있는가? 이는 단순히 창의적 효능감을 가지는 것과는 차이가 있을 수 있다. 또한, 단순히 학습을 잘 할 수 있다고 믿는 학업효능감하고도 다르다. 이 책에서 제안하는 경력창의성의 구성요소를 면밀히 살펴보면서 경력창의성의 계발을 위해서 어떤 요소에 대해 자신감을 가져야 하는지 구체적으로 생각해 볼 수 있기를 바란다.

2.2.5. 창의성에서 나의 정체감을 찾는다

발달과정에서 '나는 누구인가?', '앞으로 무엇을 하며 어떻게 살아가야 하는가?'에 대하여 스스로 질문하기 시작할 때 '정체감'이 형성되고 있다고 말한다. 이러한 정체감은 인간이 성장하면서 직면하게 되는 다양한 위기를 극복해가면서 발달된다고 한다. 인간의 전생애주기적 발달 이론을 제안한 발달심리학자 Erik Ericsson은 12~18세 사이에 정체감이 발달한다고 말하지만, 정체감 형성 시기에 대해서는 많은 논란과 비판이 있다. 이는 이러한 정체감은 특정한 발달 단계에서 형성되어 단순히 완성되는 것이 아닌, 전주기적으로 끊임없이 환경과 상호작용하며 발달되는 심리사회적 요인이기 때문일 것이다.

특별히 창의적인 사람들이 가진 창조자로서의 정체감을 '창의적 정체감'이라고 한다. 예를 들어, 예술가는 자신의 사상, 철학, 감정 등 자신의 존재를 이루는 것들을 창작물에 반영하고, 그 창작물은 다시 예술가의 자아를 형성해간다. 비단 예술가 뿐 아니라 인간은 본질적으로 무언가를 만들어내고자 하는 욕구를 가지고 있기에(Rogers, 1961), 기본적으로 창조자로서의 정체감을 가지고 있다고 볼 수 있다. 따라서 자신이 창의적이라는 인식을 통해 자신의 삶의 가치를 높이 평가하고 창조자로서의 정체감을 잃지 않는 것이 중요하다. 즉, 창의성이라는 것이 나의 자아상을 형성하고 나 자신을 정의하는데 있어서 얼마나 중요한 부분인지 생각해 볼 필요가 있다.

하지만 그동안 우리가 너무 전문적 성취를 위한 인내, 노력, 연습, 효율성과 생산성에만 치우쳐서 창의적 정체감을 잃고 살아온 것은 아닐까? 돌아볼 필요가 있다. 창력의 기반이 되는 전문성의 경우, 특정 분야의 신뢰할만한 지식과 기술을 가지기 위해 열심히 인내하며 노력하면 잘 연마될 수 있다. 그래서 많은 전문성 연구자들이 목적 있는 연습, 그릿(투지, 기개), 노력, 인내 등을 강조한다. 하지만 이러한 노력과 연습만을 너무 강조하다 보면 무엇을 위해 어디로 향하는지 그 방향성을 잃기 쉽다. 이때 방향성을 찾을 수 있도록 해주는 것이 바로 창의적 정체감이다. 창의적 정체감을 가진 사람은 창조활동의 주체로서 무엇을 위해, 왜 열심히 노력하고 연습하는지 인지하며 그 과정에서 창의적 자아를 형성해나갈 수 있다. 그렇기 때문에 전문성만 가지고서는 창력을 계발시키기 어렵고 창의성의 요소가 함께 융합되어야 하는 것이다.

이러한 창의적 정체감은 경력창조에 있어서도 '자아'가 그 주체가 될 수 있게 해준다. 예술가는 자신만의 심미적 표현으로 예술작품을 만들고, 과학자는 자연현상을 설명할 수 있는 자신만의 원리를 만들어 내듯이, 경력창조자는 자신의 자아를 인식하고 성장시켜 자신만의 경력을 만들어간다. 따라서 창력을 계발하기 위해서는 발달과정에서 필요한 한 인간으로서의 정체감이나 창조과정에서 필요한 정체감을 넘어서 경력을 창조하는 주체로서의 정체감을 가지는 것이 중요하다. 구체적으로, 경력창조의 주체로서 나는 누구이며, 어디로 가야 하며, 무엇을 어떻게 해야 하는가에 대한 고찰이 시작되어야 한다. 이러한 정체감이 확고한 사람은 경력창조

과정에서 위기가 닥쳐도 목표를 향해 나아갈 힘을 가질 수 있다. 정체감은 상황과 환경이 변해도 나의 주체성을 지속적으로 유지시켜주는 의식적인 지각이기 때문이다.

대표적인 발달이론인 James Marcia의 정체감 유형에 따르면, 인간의 정체감 발달단계는 정체감 혼돈, 정체감 폐쇄, 정체감 유예, 정체감 성취로 구분된다. 정체감 혼돈은 자신이 누구인지 혼란스러운 상태로 삶에 대한 목표와 노력이 모두 부재하다. 정체감 폐쇄는 본인이 아닌 타인이나 환경적 압박에 의해 삶의 목표를 설정한 상태로 무언가를 위해 열심히 노력하지만 무엇을 위해 노력하는지 잘 모른다. 정체감 유예는 내 삶에 대한 의미 있는 목표를 찾기 위해 일정기간 선택과 노력을 미루는 시기를 의미한다. 이 시기는 위기라고 느낄 만큼 힘든 상황일 수 있지만, 스스로를 탐색하고 발견하는 시간을 통해 내면을 성숙시킬 수 있다. 이러한 정체감 유예의 시간을 지나 진정한 삶의 목표를 찾고 그 목표를 달성하기 위해 노력하는 단계를 '정체감 성취'라고 한다. 이 시기에는 내가 설정한 목표를 향해 나아가기 때문에 외부의 기대에 의해 노력의 방향이 흔들리지 않게 된다(신종호 외, 2015).

이와 같은 정체감 발달 원리를 경력창조 과정에 적용시켜보자. 만일 여러분이 직업이나 직무와 관련하여 어떤 목표도 없고, 아무런 노력도 하고 있지 않는다면 정체감 혼돈의 시기를 겪고 있는 것으로 볼 수 있다. 이때 중요한 것은 경력창조자로서의 정체감을 확립하는 것이다. 스스로 경력을 선택할 수 있는 독립심을 키우기 위해 다양한 시도를 해보고 이러한 경험을 통해 앞으로 직면하게 될 위기를 극복해 나갈 수 있는 내성을 키우는 것이 중요하다.

그런데 만일 직업이나 직무와 관련하며 열심히 노력하고 있는데 그 노력의 목적이 타인이나 주변 환경의 기대에 부응하기 위한 것이라면, 경력창조자로서 정체감 폐쇄의 단계에 있다고 볼 수 있다. 예를 들어, 부모님의 완고한 뜻에 따라 의과대학에 진학하여 열심히 공부하고 있지만, 본인의 의지와 상관없이 설정된 목표라서 예비의사로서의 정체감이 확고하지 않다면 정체감 폐쇄의 시기인 것이다. 또한, 교육자로서의 사명감이나 목적의식 없이 단순히 주변의 기대에 부응하기 위해 임용고사를 열심히 준비 중인 경우도 또 다른 예가 될 수 있다. 이러한 시기에는 타인의 기대나 환경의 압박에서 벗어날 수 있는 용기와 본인 스스로 진정한 목표를 재설정할 수 있는 주체성이 필요하다.

경력창조에 있어서 정체감 유예는 타인의 요구를 그대로 받아들인 것에 대하여 회의를 느끼기 시작하며 직업이나 직무에 관련된 판단을 스스로 미룬 상태라고 볼 수 있다. 판단이 유보되어 드러나는 노력이 없는 것으로 보이지만 자신과 직업세계에 대하여 탐색하고 준비하는 의미 있는 시간이 될 수 있다. 경력개발과 관련하여 눈에 띄는 성과가 없어서 이 시기를 경험하는 것을 두려워할 수 있지만, 이 과정을 통해 진정한 정체감 성취의 단계로 나아갈 수 있다.

마지막으로 정체감 성취는 직업이나 직무와 관련하여 본인의 의지에 의해 목표가 설정되고 그 목표를 향해 노력하는 단계이다. 이는 정체감 혼돈, 정체감 폐쇄, 정체감 유예와 같은 위기상황을 겪은 후에 더 성공적으로 경험할 수 있다. 자신에게 잘 맞지 않은 상황을 경험해 본 사람이 이를 경험해보지 않은 사람보다 자신에게 맞는 것이 무엇인지 더 잘 알 수 있기 때문이다. 여러분은 현재 경력창조 과정에서 어떤 단계를 경험하고 있는가? 만일 정체감의 혼돈, 폐쇄, 유예의 과정을 겪고 있다면 이 단계를 정체감 성취를 더 성공적으로 이룰 수 있는 기회로 삼기를 바란다.

그렇다면, 우리가 경력창조 과정에서 창의적 경력정체감을 지닌다는 것은 무엇을 뜻하는 것일까? 이는 직업이나 직무를 수행하는 자아로서의 정체감을 넘어서, 직업이나 직무를 창조해가는 자아로서의 정체감을 형성하는 것이다. 이 개념이 바로 창력에 대한 정체감이라고 할 수 있다. 창력에 대한 정체감을 지닌 사람은 본인을 자신의 경력을 만들어가는 주체라고 여길 것이다. 단순히 특정한 직업을 가지고 특정한 업무를 담당하는 수행자를 넘어서, 나의 경력을 스스로 만들어가는 창조자라고 생각하는 것이다. 여러분은 나 스스로가 누구인지 정의할 때, 혹은 본인을 소개하고자 할 때 나를 어떻게 개념화할 것인가? 또한, 내 삶 속 나의 만족과 즐거움을 생각할 때, 그 근원을 어디에서 찾을 것인가? 단순히 경력정체감만을 가지고 현재의 직업과 직무만을 생각하기보다는 과거의 경력, 현재의 경력, 미래의 경력까지 아우르며 나만의 독특한 전기(傳記)를 만들어갈 수 있도록 창력의 정체감을 가지기를 바란다.

2.3. 창력은 디자인역량으로 실현된다◆

우리는 앞에서 창력이란 무엇인가?에 대한 질문에 답하기 위해 경력자본(전문성)과 창의성의 요인들을 살펴보았다. 창력의 공식을 다시 한 번 기술하면 아래와 같다.

창력 = 경력자본 × 창의성 × 디자인역량

그런데 아무리 경력자본과 창의성 역량이 제각각 훌륭해도 이 역량들을 잘 종합하고 융합하여 상황에 맞게 활용할 수 없다면 창력을 실현시키기 어려울 것이다. 이때 필요한 역량이 바로 디자인역량이다. 디자인역량은 주로 미술 분야에서 심미적이고 시각적인 탁월함을 추구하는 것과 관련 있다고 생각하기 쉽지만, 노벨경제학상 수상자인 Hebert Simon은 디자인역량을 현재 상태를 더 선호하는 상태로 변형하는 것이라고 말하였다(최송일, 2017). 다시 말해, 미적인 감각에만 국한된 것이 아닌, 우리 인생 전반에서 새로운 변화를 추구하고자 하는 마음가짐, 창의성, 실행력 등을 포함한다.

디자인역량은 최근 교육이나 비즈니스 분야에서 그 중요성이 강조되고 있다. 스탠포드대학교 D-School에서 개발한 디자인씽킹(Design Thinking) 모형은 창의성 수업이나 혁신적인 비즈니스 전략 구축에 유용하게 사용되고 있다. 구체적으로, 공감 → 문제정의 → 아이디어 생성 → 프로토타입 제작 → 테스팅의 과정으로 구성된 디자인씽킹 모형은 창의적 경력개발의 실현과정에도 적용될 수 있다. 경력창의성은 경력자본(전문성), 창의성, 디자인역량을 통해 실현시킬 수 있는데, 이때 디자인씽킹 모형으로 실제적인 경력창의성의 결과물이 어떻게 창출되는지 그 과정을 설명할 수 있다.

첫 번째, 공감을 통해 문제를 인식한다. 디자인씽킹 모형은 사람 중심의 공감을 통해 문제를 발견한다는 측면에서 다른 문제발견 모형과 차별점이 있다. 공감은 타인이 진짜 원하는 것을 알아내기 위해 자신의 관점을 내려놓고 상대

방의 사적인 지각세계로 몰입하는 것을 뜻한다(Rogers, 1975). 최송일(2017)은 공감을 통한 문제인식의 예시로 페이스북에서 인터넷이 잘 발달되지 않은 개발국가 사용자들의 불편함을 공감하기 위해 일주일에 한 번은 의도적으로 인터넷 속도를 느리게 하여 컴퓨터를 사용하고 있는 것을 제시하였다. 미국 시카고의 루터란(lutheran) 어린이병원에서는 유아들이 MRI 촬영기계에 들어갈 때 느낄 수 있는 두려움이나 공포감을 덜어주기 위해 심리 상태를 안정되게 해주는 방안을 고안했는데, 이는 MRI 촬영기계를 신비한 세계를 모험하는 공간으로 상상할 수 있도록 스토리텔링을 이용하여 기계 주변을 미지의 세계와 같은 이미지로 단장한 것이다(최송일 2017). 이러한 발상도 어린이들의 두려움을 공감하는 데에서 시작되었다.

공감은 창의적 경력개발에서도 그 시작이 될 수 있다. 대학생들이 제안한 창직의 예시로 성격, 취향, 선호와 같은 개인특성에 적합한 취미생활을 추천해주고 그 취미활동을 지속적으로 할 수 있도록 도와주는 하비플래너라는 직업이 있다. 이 직업은 스트레스가 많은 현대인들이 자신에게 적합한 취미생활을 통해 번아웃 증후군을 극복할 수 있기를 바라는 마음으로 고안되었는데, 이는 번아웃 증후군으로 고생하는 타인에 대한 공감이 있었기에 가능했다. 매일 반려견들에게 색다른 간식과 장난감을 배달해주는 직업이 만들어진 계기도 항상 비슷한 간식과 장난감을 제공받는 반려견들이 느낄 수 있는 지루함을 공감하는 데에서 시작되었다. 청각장애인들의 외국어 발음학습을 도와주는 발음 디렉케이터라는 직업의 창조도 청각장애인 친구가 해외여행을 하면서 현지인과 소통하고 싶어 하는 마음을 공감하면서 시작되었다.

두 번째, 진짜 문제를 정의한다. 공감을 기반으로 문제가 인식되면 다양한 관점에서 그 문제를 탐색하면서 진짜 문제를 정의하게 된다(최송일, 2017). 이때 진짜 문제는 현상적인 문제가 아니라 근본적인 문제이다. 진짜 문제정의를 설명하기 위해 가장 대표적으로 사용되는 예가 글로벌 엘리베이터 제조업체인 오티스(OTIS)의 사례이다. 오티스에서는 엘리베이터의 속도가 느리다는 고객들의 불만을 해결하기 위해 문제점을 정의했는데, 이때 문제를 엘리베이터 기술력의 문제로 정의하지 않고 엘리베이터 이용자들의 심리적인 문제로 정의했다는 것이다. 진짜 문제는 엘리베이터가 느린 것 그 자체가 아닌, 이용자들이 엘리베이터 안에서 지루하다고 느끼는 것이라고 정의하고 엘리베이터 내부에 거울을 설치하는 방안을 해결책으로 제시하였다.

창의적 경력개발의 과정에서도 공감을 통해 문제가 인식되었으면 진짜 문제를 정의하는 것이 필요하다. 하비플래너의 경우는 번아웃된 사람들이 개인특성에 맞는 취미생활을 발견하지 못하거나 지속적으로 실천하지 못하는 것을 진짜 문제로 정의하였고, 발음 디렉케이터는 청각장애인들이 외국어발음을 쉽게 배울 수 있는 방법이나 기회가 부족하다는 것을 진짜 문제로 정의하였다. 반려견들이 지루해하는 진짜 문제를 거의 매일 비슷한 간식과 장난감이 제공되고 있는 것으로 보았을 때 새로운 간식과 장난감 배달 서비스를 창안하게 되었다.

　세 번째, 다양한 아이디어를 생성한다. 진짜 문제가 정의되었으면 이 문제를 해결하기 위해 많은 아이디어를 생성한다(최송일, 2017). 창의적인 경력개발의 과정에서도 진짜 문제가 정의되면 이를 해결하기 위해 다양한 아이디어를 생성해야 하는데, 이 과정에서 전문성이 요구된다고 생각된다. 개인특성에 적합한 취미생활을 추천할 때에도, 청각장애인 친구를 위해 외국어 발음학습 방법을 고안할 때에도, 반려견들에게 새로운 간식과 장난감을 배달할 때에도 이 문제들과 관련된 전문성이 부족하면 질적 수준이 높고 깊이 있는 해결책이 제시되기 어렵다. 또한, 전문성을 축적하더라도 창의성을 발휘하여 확산적 사고를 하지 않으면 유창하고 유연하면서도 독창적인 아이디어의 생성이 어렵게 된다. 더욱이, 디자인씽킹에서는 다수가 집단지성을 발휘하여 다양한 아이디어를 생성하는 것을 강조하는데, 창의적 경력개발의 과정에서도 다수의 사람들과 소통하고 협력하며 다양한 해결책을 모색해보는 것이 필요하다.

　네 번째, 프로토타입을 제작하고 빠르게 실패해본다. 디자인씽킹 모형에서는 프로토타입을 저렴한 비용으로 제작하라고 제안한다(최송일, 2017). 하나의 프로토타입에 너무 깊게 몰입하기보다는 실패해도 좋으니 다양한 프로토타입을 제작해보라는 것이다. 이를 '유쾌한 실패'라고 표현하기도 한다. 창의적 경력개발의 과정에서도 이러한 유쾌한 실패가 경력과 관련된 경험의 프로토타입을 제작하는데 필요할 것 같다. 이는 경력개발에서 제안하는 '계획된 우연'과도 관련이 있다. 계획된 우연이란 우리의 삶에서 우연히 마주한 사건, 사람, 경험들을 경력개발에 긍정적으로 활용하는 것으로서 (Krumboltz & Levin, 2004), 이는 경력개발과정이 이미 정해져 있는 것이 아니라 경력개발자가 스스로 구성해가는 것임을 전제한다. 이렇게 스스로 구성해가는 과정에서 빠른 실패를 해보는 것은 유익하다. 왜냐하면 실패는 이 방법이 적절하지 않다는 것을 알게 해줌으로써 적절한 방법을 빠르게 식별하게 해주기 때문에 빠른 실패를 통해 계획된 우연의 가능성을 높일 수 있다.

　마지막으로, 테스팅한다. 지속적으로 시행착오를 겪으면서 프로토타입의 완성도를 높여가는 단계이다(최송일, 2017).

디자인씽킹에서는 이 과정에서 경험하는 시행착오의 가치를 중시하고, 이 과정이 끝나면 첫 단계인 공감으로 다시 돌아가 문제정의, 아이디어 생성, 프로토타입 제작, 테스팅과 같은 일련의 과정을 가능하면 많이 지속적으로 순환하라고 제안한다.

창의적 경력개발에서도 창의적 테스팅이 매우 중요하다. 우리의 경력컨셉도 한 번의 과정으로 끝나지 않고 시행착오를 겪은 후 다시 공감의 단계로 돌아가 문제를 발견하고 경험하게 되면서 발달된다. 이러한 순환과정을 통해 경력창조가 지속되기 때문에 경력창의성은 현재진행형으로 이루어진다.

이 과정에서 시행착오가 중요한 이유는 실패의 경험이 타인을 공감하게 해주기 때문이다. 공감이 창의적인 문제발견의 기초가 된다는 것을 생각해볼 때, 실패는 결국 창의성을 이끄는 원동력이 될 수 있다. 나의 경우 진로를 설계하는데 있어서 큰 시행착오를 겪으면서 학부, 석사, 박사과정에서 서로 다른 세 개의 전공을 가지게 되었다. 전공 선택과정에서 실패를 경험한 것이다. 이러한 실패를 통해 적성과 진로계발에 어려움이 있는 사람들의 마음을 공감하게 되었고 그 공감을 통해 경력창의성을 연구하게 되었다.

실패는 타인을 공감하게 해주고, 이 공감은 창조적 과정의 시작이 될 수 있다. 따라서 실패 없는 사람, 늘 승승장구하는 사람은 효율적인 경력관리는 능할 수 있지만 공감을 기반한 경력창조는 어려울 수 있다. 이것이 바로 경력창의성에서 유쾌한 실패를 지지하는 이유이다.

그렇다면, 경력자본, 창의성, 디자인역량을 통해 창력이 실현되면 어떤 결과가 나타날까? 앞의 창력 공식에서도 나타나듯이 업무를 창조하는 창무(創務), 직업을 창조하는 창직(創職), 사업을 창조하는 창업(創業)이 가능하게 된다. 이러한 창무, 창직, 창업은 무엇을 의미하며 구체적으로 어떤 모습으로 실현될까? 이에 대한 내용은 4장에서 자세하게 다룰 것이다. 그전에 3장에서 경력창의성의 4요소를 먼저 살펴보고자 한다.

chapter 03

경력창의성의 4요소

경력창의성을 창의성의 한 형태로 간주한다면 창의성 이론을 경력창의성 이론에 적용하여 그 기틀을 세울 수 있을 것이다. 창의성은 크게 4P라고 하는 창의적 산물(creative product), 창의적 사람(creative person), 창의적 과정(creative process), 창의적 환경(creative press)의 네 가지 관점으로 설명되고 있다. 그렇다면, 경력창의성의 4P는 어떻게 설명될 수 있을까? 경력창의성이 실현되어 나타나는 결과물은 무엇이며 그 결과물은 어떤 특징을 가지고 있을까? 경력창의성이 높은 사람은 어떤 역량과 특징을 가지고 있을까? 경력창의성은 어떤 구체적 과정을 거쳐 계발되고 실현될 수 있을까? 경력창의성이 계발되고 실현되는 환경은 무엇을 의미하며, 이 환경이 경력창의성의 사람, 과정, 산물과 어떻게 상호작용할까? 본 장에서는 이러한 질문에 대한 답을 찾아가며 경력창의성의 개념을 보다 명확히 정립해 나가고자 한다. 경력창의성의 4요소를 구체적으로 고찰해보도록 하자.

3.1. 창력의 산물◆

경력창의성을 계발시키고 실현시키면 어떤 결과물이

산출될까? 앞에서 제시한 것과 같이 경력창의성은 경력자본 × 창의성 × 디자인역량으로 공식화 될 수 있다. 이러한 요소들이 서로 상호작용하여 산출되는 결과물은 업무를 창조하는 창무(創務), 직업을 창조하는 창직(創職), 사업을 창조하는 창업(創業)이며 환경 변화에 따라 유연하게 발휘할 수 있는 창의적 경력디자인 역량이다.

창의성이 계발되고 실현되었을 때 나타나는 결과물은 창의적 산물, 창의적 문제해결책, 창의적 아이디어, 창의적 행동 등이 있다. 그런데 창의성이 경력개발과 만났을 때 이와 같은 창의성의 결과물이 창무, 창직, 창업과 창의적 경력디자인 역량에 복합적으로 나타남을 알 수 있다. 즉, 창무, 창직, 창업과 창의적 경력디자인 역량을 위해서는 창의적 산물 제작, 창의적 문제해결력, 창의적 아이디어 생성, 창의적 행동 중 어느 한 두 가지만이 중요한 것이 아니라 복합적으로 모두 중요한 것이다. 이처럼 창의성과 경력개발이 더해져 더 역동적이고 복합적이며 실제적인 결과물이 산출될 수 있다.

이와 같은 경력창의성 산물의 독특한 특징은 바로 완성형이 아닌 진행형이라는 점이다. 창무, 창직, 창업과 창의적 경력디자인 역량은 어느 한 순간에 완성되는 것이 아니라 우리가 삶을 살아가는 동안 지속적으로 계발되는 것이다. 또한, 환경과 상황이 변화함에 따라 끊임없이 적응하고 새로운 시도를 할 수 있어야 한다. 따라서 우리의 경력개발은 한 순간에 끝나지 않는다.

이러한 산물이 지속적으로 축적되면 경력창조자는 자신만의 서사가 담긴 독특한 전기(傳記)를 가지게 된다. 남들과 차별화된 나만의 개성이 담긴 전기를 만들어 낼 수 있고, 새로운 상황이나 환경에서 나만의 독특한 경력창조를 진행형으로 이루어갈 수도 있는 것이다.

이러한 독특한 전기는 몇 가지 특징을 보인다. 첫 번째, 응집성을 가진다. 모든 경험과 이력이 나만의 경력창조 원리 안에서 화합적으로 융합되고 연결되어 새로운 의미를 창출하게 된다. 두 번째, 적응성을 가진다. 새로운 경험이나 이력이 기존의 체계적인 도식 안에서 잘 연결되고 융합되어 새로운 상황이나 환경에도 유연하게 적응할 수 있는 경력창조 도식이 형성될 수 있다. 세 번째, 정교성을 지닌다. 새로운 경험과 이력이 기존의 경력창조 도식에 의미와 깊이를 심화시키며 정교하게 기획된 경력창조를 이루어갈 수 있다. 마지막으로 명확성을 지닌다. 기존의 경험과 이력이 나만의 경력창조 원리 안에서 뚜렷한 목표를 가지면서 변화무쌍한 환경에도 흔들림 없이 목표를 향해 경력창조를 이루어갈 수 있다.

그렇다면, 창무, 창직, 창업과 창의적 경력디자인 역량은 어떤 모습으로 구체적으로 실생활에서 실현될 수 있을까? 이에 대하여는 4장에서 자세하게 다루고자 한다.

3.2. 창력의 사람♦

수많은 연구에 의해 창의성이 높은 사람들의 역량과 특징이 확인되었다. 영역특수적 창의성의 경우, 인지적 측면에서 볼 때 이들은 기본적으로 특정 영역에서 요구하는 지식과 기술을 필요로 한다. 창의적인 아이디어를 생성하거나 산출물을 만들고자 하는 동기가 높고, 창의적인 결과물을 만들어 낼 수 있다는 창의적 효능감도 높다. 또한, 창의적 아이디어나 산출물에 대한 가치를 높게 생각하는 창의성에 대한 태도도 긍정적이다. 자신을 창조과정의 주체로 여기는 창의적 정체감을 가지고 있으며, 창조적 활동을 통해 자신의 자아를 실현하고자 하는 욕구도 높다. 그리고, 성격적인 측면에서도 개방성이나 모호성에 대한 내성이 높고, 무엇보다도 도전정신, 위험감수성, 독립성이 높은 특징이 있다.

그렇다면, 경력창의성이 높은 사람은 어떤 역량과 특징을 가지고 있을까? 경력창의성도 창의성의 한 종류로 간주할 때, 이와 같은 창의적 사람들의 역량과 특징을 경력창조자들도 기본적으로 가지고 있어야 할 것이다. 하지만 경력창조라는 독특한 과정으로 인해 특별하게 필요한 역량과 특징이 있다. 이는 일반적 창의성과 영역특수적 창의성이 높은 사람의 특징이 다르고, 영역마다 요구되는 창의성의 역량이 다르다는 생각과 그 흐름을 같이 한다. 일반적인 창조자나 다른 영역의 창조자들에게 크게 강조되지 않는 투자스킬이나 마케팅스킬과 같은 기술이 대표적인 예가 될 수 있다. 투자 스킬은 경력자본에 대한 적은 투자로 많은 수익을 얻을 수 있도록 해주며, 마케팅스킬은 자신의 경력자본을 시장에 효과적으로 알리고 가치 있게 활용될 수 있도록 해준다. 이와 같은 스킬은 경력영역 안에서 특별하게 다루어지는 영역특수적 기술로서 경력창조자들만의 독특한 역량이 될 수 있다. 이에 대한 자세한 내용은 5장에서 살펴보도록 하겠다.

3.3. 창력의 과정◆

경력창의성은 어떤 과정을 거쳐 계발되고 실현될 수 있을까? 창의성에서는 Wallas의 창의적 사고과정이 가장 대표적으로 연구되어 왔다. 이 과정은 구체적으로 준비 → 부화 → 조명 → 검증의 단계로 이루어져 있다. 첫 번째 준비단계는 문제를 발견하고 그 문제를 정의하며 개념화하는 단계이다. 주어진 문제를 해결하는 학습과정과 달리 창의성에서는 어떤 문제를 해결할 것인지를 선택하는 문제발견이 중요하다. 준비단계에서 문제가 발견되고 정의되면 그 해결책을 찾아야 하는데, 정확한 정답이 없기 때문에 이를 위해 충분한 숙고의 시간이 필요하다. 이 과정이 부화단계이다. 닭이 알을 품듯이 진중하고 깊이 있게 생각하고 조급하지 않게 다양한 해결방안을 모색할 수 있다. 충분한 부화의 시간을 가지는 도중에 "아하!"하는 순간을 경험하게 되는데 이를 조명단계라고 한다. 우리가 예측하지 못했던 순간에 직관적으로 기발하고 참신한 해결방안이 떠오르게 되며 통찰력 있는 해결책을 제시할 수 있게 된다. 마지막으로 검증단계에서는 조명단계에서 떠오른 해결방안이 타당한지 평가한다.

경력창의성의 과정도 창의성의 과정에 적용해볼 수 있다. 먼저, 경력창조를 위한 문제발견과 문제정의가 필요하다. 창의성 과정에서는 학습과정과 달리 문제발견 과정이 중요하듯, 경력창조 과정에서도 경력개발이나 경력성취와 달리 문제발견이 매우 중요하다. 창의적 과제를 기존에 정해진 방법으로 해결하지 않는 것처럼, 경력창조도 주어진 경력개발 절차에 따라 정해진 방식으로 할 수 없다는 것이 공통점이다. 따라서 경력창조 과정에서도 끊임없이 생각하고 숙고하는 부화의 단계를 거쳐야 한다. 이러한 노력 끝에 어느 순간 직관과 통찰을 통한 경력창조의 방안이 떠오를 것인데, 이에 대한 타당성을 검증하며 경력을 새롭게 만들어 나갈 수 있다.

이와 같이 큰 틀 안에서는 경력창조의 과정과 창의성의 발현 과정이 비슷해 보인다. 하지만 일반적인 창의성과는 구별되는 경력창의성이라는 특수성으로 인해 다르게 거쳐야 하는 창조과정이 있다. 그리고 각 과정에서 서로 다른 계발전략이 필요하다. 이에 대해서는 5장에서 자세하게 다루고자 한다.

3.4. 창력의 환경◆

경력창의성이 계발되고 실현되는 환경은 어떤 특징을 가지고 있을까? 창의성이 계발되는 학습환경과는 어떤 차이점이 있을까? 수많은 연구에서 창의성 신장을 위해서는 환경의 역할이 중요함을 강조하고 있다. 특히 스스로 환경을 조성하고 선택하기 어려운 유아나 아동의 경우 가정환경이나 부모의 지지와 같은 환경적 요소가 창의성 계발에 결정적인 역할을 하게 된다. 비단 유아나 아동 뿐 아니라 성인의 경우도 근무환경이나 조직문화와 같은 환경적 요소에 따라 창의적 수행능력과 성취력이 크게 달라질 수 있다. 이와 같이 창의성 분야에서는 환경이 창의성에 일방적으로 미치는 영향에 대한 연구가 주요하게 수행되고 있다.

물론, 경력창의성 계발을 위해서도 환경의 영향이 매

우 중요하다. 하지만 경력창의성에서는 환경이 미치는 일방적인 영향보다 환경과 경력창의성이 서로 영향을 주고받는 양방향의 상호작용이 더 강조될 필요가 있다. 경력창조자는 환경의 영향을 받아 경력창의성을 더 발달시키거나 억제시킬 수 있지만, 경력창조자의 경력창의성이 환경에 영향을 주어 환경을 변화시키거나 심지어 새로운 환경을 만들고 개척할 수 있기 때문이다. 경력창의성의 결과물인 창무, 창직, 창업의 경우, 기존의 환경에 새로운 직업과 직무와 사업이 만들어지면서 주어진 환경이 새롭게 변화하게 된다.

경력창의성 환경의 또 다른 특징은 영역과 기회의 연결이 역동적으로 이루어지는 공간이라는 점이다. 앞 장에서 개인이 선호하는 양식(style)이 어떻게 다양한 직업세계와 연관되는지 살펴보았다. 기존 창의성 연구에서는 이러한 양식과 직업세계를 단순하게 연결시킴으로써 진로탐색이나 설계에 대한 제안을 해왔다. 과거에는 한번 선택한 직업으로 평생을 사는 경우가 많았기 때문에, 한번 적성에 맞는 직업영역을 선택한 이후에는 다른 직업영역을 선택을 할 필요가 없었다. 하지만 경력창의성은 개인의 역량이나 선호를 단순하게 영역과 매칭(matching)한다고 계발될 수 있는 것이 아니다. 경력창의성을 계발하는 환경은 변화무쌍한 특징을 가지고 있기에 지속적으로 변화하는 환경 속에서 순간순간 그 상황에 맞는 기회를 포착해야 한다. 다른 직업영역을 선택하거나, 다양한 직업영역을 융합하거나, 새로운 영역을 만들어서 기회와 직업영역의 연결이 역동적으로 이루어지는 장을 형성하게 된다. 그렇다면, 경력창의성의 환경에서 어떻게 구체적으로 다양한 영역과 기회가 역동적으로 상호작용할 수 있을까? 이에 대한 내용은 5장에서 자세하게 다루고자 한다.

chapter 04

경력창의성의 제모습

◆

경력창의성을 가진 사람은 직업세계에서 어떤 모습으로 창력을 실현시킬까? 경력창의성이 실현되어 나타나는 모습은 크게 창무, 창직, 창업의 세 가지 개념으로 나누어 살펴볼 수 있다. 창무는 새로운 업무나 직무의 창출을 뜻한다. 창무를 새로운 직업을 창출하는 창직의 일부로 보는 견해도 있지만, 창무가 항상 창직으로 연결되는 것은 아니기 때문에 창직의 의미와 구분하여 독립적으로 살펴볼 필요도 있다. 창업은 새로운 사업을 시작하여 기업을 세운다는 뜻으로 창무와 창직의 구현양상 중 하나로 볼 수 있다. 이정원(2015)은 창직의 구현양상이 창업뿐 아니라 취업, 자유업, 사회적 활동 등과 같이 다양하게 나타난다고 제시하였는데, 이를 통해 창직이 항상 창업과 연결되는 것은 아니라는 것을 알 수 있다. 경력창의성은 이러한 창무, 창직, 창업의 과정을 통해 실현될 수 있다. 이 세 가지 개념은 서로 독립적인 의미를 가지면서 그 자체로 창력의 모습을 나타낼 수 있지만 다른 한편으로는 서로 연결되어 상호작용하면서 창력의 시너지효과를 창출하기도 한다.

4.1. 창무◆

창무란 업무나 직무를 새롭게 창출하는 것을 뜻한다. 나만의 관심과 흥미를 가지고 유용하고 독창적인 활동을 만들어냈다면 바로 이 활동이 창무가 될 수 있다. 모든 창무가 창직으로 연결되는 것은 아니지만, 창직은 창무에서 시작한다고 해도 과언이 아닐 것이다. 예를 들어, 한 대학생 모임에서 청각장애인의 외국어 발음연습을 이끌어주는 '발음 디렉케이터'라는 새로운 직업을 만들게 되었다. 그런데 어떻게 이러한 창직이 가능할 수 있었을까? 이 모임의 한 학생은 청각장애인 친구를 위해 수업내용을 대신 필기해주는 봉사활동을 하게 되었다. 이 학생은 청각장애인 친구가 해외여행을 가고 싶은데 외국어 학습이 어려워 망설이고 있다는 것을 알게 되었다. 이 친구를 위해 청각장애인이 외국어를 배우는데 도움이 될 수 있는 발음연습 앱을 개발하게 되었다. 앱이 보여주는 입모양을 통해 외국어 발음을 연습하게 되면 보다 수월하게 외국어를 습득할 수 있게 되는 것이다. 이와 같은 앱을 만드는 활동이 바로 창무가 될 수 있다. 발음 디렉케이터는 이러한 앱으로 발음을 연습할 때 옆에서 안내자가 되어주는 직업이다. 이러한 직업은 어떻게 하면 청각장애인 친구가 어려움 없이 외국어 발음을 배울 수 있을까? 라는 진정성 있는 고민과 관심에서 출발했다고 볼 수 있다. 이러한 고민과 관심이 생각에만 그치지 않고 발음 앱을 개발한 활동과 같은 창무가 실행되었을 때 새로운 직업을 만드는 창직도 가능했던 것이다.

대학생들이 창출한 새로운 직업의 또 다른 예로 하비플래너가 있다. 하비플래너란 개인의 성향, 취향, 선호 등을 분석하여 각자에게 가장 적합한 취미리스트를 추천해주고 그 활동을 지속적으로 할 수 있도록 도와주는 직업이다. 우리가 일상에서 경험할 수 있는 번아웃 증후군은 건설적인 취미활동을 통해 극복할 수 있는데, 정작 어떤 취미활동이 나에게 적합한지 잘 모르는 경우가 많다. 이 직업을 제안한 학생들은 구직과정에서 이력서를 작성할 때 취미란에 무엇을 적어야 할지 난감했던 경험에서 아이디어를 착안했다고 하였다. 이러한 상황에서 나에게 적합한 취미활동이 무엇인지 생각해보고, 가족이나 친구들의 성향이나 선호를 분석하여 개인의 취향에 따른 취미를 분석하여 제안해주는 창무 활동이 하비플래너라는 새로운 직업을 고안하게 된 기반이 되었을 것이다.

이와 같이 창무에 대한 아이디어는 먼 곳에 있는 것이 아니다. 나의 문제나 가족이나 내 주변의 가까운 친구의 문제에서 시작될 수 있다. 한 사람이 자신의 반려견이 매일 비숫한 간식을 먹고 비슷한 장난감을 가지고 노는 것에 안타까움을 느끼게 되었다. 어떻게 하면 반려견들이 매일 색다른 간식을 먹고 새로운 장난감을 가지고 놀게 해줄 수 있을까? 고민하기 시작하였고, 이러한 고민이 유용하고 독창적인 활동으로 연결되어 반려동물이 있는 집에 매일 색다른 간식과 새로운 장난감을 배달해주는 서비스를 제공하기 시작하였다. 이러한 활동은 이후에 새로운 직업이 되어 창직으로 연결되었는데, 이러한 창직도 반려동물에 대한 애정과 관심, 새로운 간식과 장난감 제공과 같은 창무가 발전되어 가능할 수 있었다.

그런데 이러한 창무는 일상생활에서만 가능한 것일까? 직장과 같은 일반회사 조직 내에서는 불가능한 것일까? 경력창의성과 관련 있는 창무, 창직, 창업은 현재 직장생활을 하고 있는 사람들과는 왠지 관련이 없는 일인 것처럼 생각되기 쉽다. 창직을 구직의 대안적인 활동으로 인식하는 경우가 많아 취업을 원하는 사람은 창직을 할 필요가 없을 것이라고 여겨지기도 한다. 하지만 창무, 창직, 창업과 같은 경력창의성의 실현은 직장과 같은 일반회사 조직 내에서도 가능하다. 직장 내에서 수행하고 있는 자신의 업무를 좀 더 유용하고 독창적으로 재조직화하여 새로운 직무를 창출해낼 수 있으며, 이를 통해 남들과 다른 차별화된 전문성을 지닐 수 있게 된다. 예를 들어, 어느 한 기자가 데이터를 분석하여 기사를 작성하면서 빅데이터 분석기술의 필요성을 알게 되었다. 빅데이터 분석기술을 학습하고 이와 함께 로봇이 기사도 작성해줄 수 있는 알고리즘을 개발했다면, 기사 작성이라는 자신의 업무를 유용하고 독창적으로 전문화하고 재구조화하여 직장 내에서 새로운 직무를 개발한 창무의 예가 될 수 있다. 또한 한 대학교수가 학교조직 내에서 기본적으로 수행해야 하는 교수, 연구, 학생지도 활동을 하면서 이 세 가지 활동을 통합하여 관리할 수 있는 자신만의 시스템을 구축했다. 구체적으로, 연구활동을 통해 산출된 연구결과물이 강의자료를 제작할 때 어떻게 활용될 수 있으며, 관련 주제를 연구하고 있는 학생의 논문을 지도하는 데에는 어떻게 기여할 수 있을지 추론해줄 수 있는 시스템을 만든 것이다. 이러한 시스템을 통해 서로 다른 성격을 지닌 교수, 연구, 지도활동을 효율적이면서 참신하게 통합할 수 있는 경쟁력을 갖출 수 있게 되었다. 즉, 겉으로 보기에 다소 독립적으로 보이는 이 세 가지 업무를 서로 연결하고 통합하여 시너지효과를 낼 뿐 아니라 보다 새로운 관점으로 각각의 업무를 수행할 수 있는 창의성도 계발할 수 있다. 이러한 경우도 조직 내에서 자신이 담당해야 하는 기본 직무를 수행하면서 새로운 직무를 창출한 창무의 예가 될 수 있다.

그렇다면 이러한 창무를 가능하게 하는 힘은 무엇일

까? 앞의 사례들을 통해 알 수 있듯이 창무는 진정성 있는 고민에서 출발하는데 이러한 고민은 공감을 통해 생겨날 수 있다. 외국어 발음 학습과정에서 어려움을 겪는 청각장애인 친구, 매일 비슷한 간식을 먹을 수밖에 없는 반려견, 적절한 취미활동을 하지 못해서 번아웃을 극복하지 못하는 친구 등과 같이 타인의 힘든 상황에 공감할 수 있을 때 그들의 진짜 문제를 발견할 수 있게 되었다. 이는 디자인씽킹에서 중시되는 공감과 진짜 문제정의의 과정으로 설명될 수 있다. 더욱이, 창무를 위해서는 새로운 아이디어를 창안하는 것이 중요하고, 생성된 아이디어를 의미 있는 활동으로 구현하는 것이 필요하다. 이러한 과정은 디자인씽킹 과정의 아이디어 생성과 프로토타입 제작으로 설명될 수 있다. 생성된 프로토타입은 지속적인 테스팅 과정을 거쳐 수정될 수 있는데, 창무 역시 지속적인 테스팅 과정을 통해 보다 신뢰할 수 있는 활동으로 발전될 때, 개인의 활동인 창무가 다수의 활동인 직업을 창출하는 창직으로 발전될 수 있다. 이와 같이 창무는 경력창의성의 한 요소인 디자인역량과 관련이 있음을 알 수 있다.

　　창무를 위해서는 경력창의성의 구성요소인 전문성도 중요하다. 경력창의성을 개념화하는 과정에서도 설명했듯이 전문성은 경력창의성 계발을 위해 필요한 기본적인 경력자본이다. 앞의 사례 중 청각장애인을 위한 외국어학습 발음 앱의 경우도, 외국어와 외국어학습에 대한 지식, 앱 개발 관련 기술과 같은 특정 영역 내의 전문성을 요구한다. 반려견에게 매일 색다른 간식과 새로운 장난감을 배달해주는 창무도 반려견에 대한 지식이나 반려견과 상호작용하는 기술 없이는 불가능한 활동이다. 개인의 취향에 맞는 취미를 추천해주는 창무의 경우도 다양한 취미활동에 대한 지식, 개인의 선호와 성향을 파악할 수 있는 기술, 취미활동이 가능한 업체에 대한 정보 등과 같은 전문성 없이는 불가능하다.

특별히, 조직 내에서 실현되는 창무는 전문성이 더더욱 강조된다. 이미 조직 내에서 자신의 전문성에 기반하여 수행하고 있는 직무를 보다 전문화, 정교화, 차별화하여 새로운 직무를 창출하기 때문이다. 앞에서 언급한 예시와 같이 로봇 저널리즘의 알고리즘 설계나 교수업무의 통합시스템 구축과 같은 창무는 기자와 교수라는 기존 직업군에서 이미 갖추어야 하는 전문성이 필요조건으로 요구된다. 이를 통해 창무가 특정 분야의 전문성을 갖추지 않아도 즐겁게 할 수 있는 단순 취미활동과 구분될 수 있음을 알 수 있다.

그런데 이러한 창무는 경력자본인 전문성만 가지고는 실현될 수 없다. 경력자본을 활용하여 지속적으로 의미 있는 활동을 만들어내야 하는데, 이를 위해서 창의성이 필요한 것이다. 앞의 사례들에서 살펴볼 수 있듯이, 창무를 실현한 사람들은 자신이 관심 있는 분야에서 새로운 문제를 발견했으며, 그 문제를 해결하기 위해 열정적으로 생각하고 행동했다. 창의성은 개인의 선호를 반영하고, 문제발견에서 시작되며, 창의적 정체감과 효능감을 가지고 끊임없이 생각하고 행동할 때 발현될 수 있다는 점을 고려할 때, 창무도 이와 같은 창의성의 특성을 반영하고 있음을 알 수 있다.

4.2. 창직♦

창무가 개인의 활동에 한정되어 있다면, 창직은 이 새로운 활동을 배우고 따라하는 사람들이 생기면서 다수의 직업이 될 수 있을 때 가능하다. 창무의 활동이 노동시장에 보급되고 이를 통해 새로운 노동시장이 열릴 때 비로소 창직이 구현될 수 있다(이정원, 2015). 즉, 노동시장에서는 노동자와 자본가 사이에 구인활동과 구직활동이 일어나는데 이때 새롭게 창출된 직무로 인해 공급자인 노동자와 수요자인 자본가가 새롭게 형성될 때 창직이 가능한 것이다. 따라서 창무는 창직의 충분조건은 아니나 필요조건은 될 수 있다.

이정원(2015)은 창직의 발생영역을 크게 사회, 경제, 문화, 기술, 생활 등과 같이 여러 영역으로 분류하고 각 영역에 따른 창직의 발생요인과 예시를 제시하였다. 예를 들어,

사회 및 생활영역에서는 평균수명 증가에 따라 노인플래너와 실버로봇서비스 기획자라는 직업이 만들어질 수 있고, 문화영역에서는 반려동물의 지위 향상으로 인해 반려동물 상조전문가가 창출될 수 있다고 하였다. 기술영역에서는 애플리케이션 개발자, 사이버보안 전문가가 새롭게 나타날 수 있고, 경제영역에서는 공유경제의 확대로 유휴공간 활용 컨설턴트라는 직업이 발굴될 수 있다고 하였다.

　　미래창조과학부 외(2017)는 『10년 후 대한민국 미래 일자리의 길을 찾다』라는 보고서를 통해 미래사회에는 직업이 세분화 및 전문화되며, 융합형 직업이 생성되고, 과학기술을 활용한 새로운 직업이 만들어질 것으로 예측하였다. 먼저, 세분화 및 전문화의 예로는 동물간호사, 척추교정치료사, 가상레크레이션 디자이너 등이 있다. 가상레크레이션 디자이너는 가상현실에서도 레크레이션을 원하는 사람들이 늘어나면서 오프라인에서 활동하던 레크레이션 디자이너들의 전문성이 기술의 발달로 가상현실 세계에 맞게 차별화되어 온라인으로 나타날 수 있는 새로운 직업형태이다.

　　융합형 직업의 경우는 테크니컬 라이터, 사용자 경험 디자이너 등을 제안했다. 테크니컬 라이터는 복잡한 첨단기기의 사용법을 일반인들도 쉽게 이해할 수 있도록 설명해주는 글을 기고하는 직업으로, 글쓰기 능력과 테크놀로지 기술을 모두 요구하는 융합형 직업으로 볼 수 있다. 사용자 경험 디자이너는 가상현실과 증강현실과 같은 디지털 환경에서 사용자들이 원하는 욕구를 분석하여 그 욕구를 만족시킬 수 있는 경험을 디자인하는 직업으로 사용자들의 동기에 대한 인문학적 이해와 디지털 시스템에 대한 공학적 지식을 요구한다.

　　　마지막으로, 과학기술 기반 직업으로는 아바타 개발자, 첨단과학기술 윤리학자, 공유자산 가치 전문가 등을 제시하였다. 첨단과학기술 윤리학자는 무인자동차가 운행중 교통사고를 내서 사람을 다치게 하는 등 인명피해를 냈을 때와 같이 첨단과학기술로 야기될 수 있는 윤리적 문제를 해결하는 사람이다. 미래사회에서는 인간과 기계와의 상호작용이 증가하면서 예측불가한 다양한 문제들이 발생할 수 있다. 카카오택시, 우버택시와 같은 첨단기술 기반 신규 서비스와 기존 택시 산업과의 갈등도 증가할 수 있는데(한국정보화진흥원, 2017), 이러한 마찰 속에서 야기되는 윤리적 문제들을 인문학적 관점과 공학적 관점에서 고찰할 수 있는 첨단과학기술 윤리학자가 필요하다. 공유자산 가치 전문가는 공유오피스, 공유주방, 공유자동차, 공유바이크 등 불특정 다수와 함께 사용하는 자원이 늘어나면서 서로 공유하고 있는 자산의 가치를 평가해주는 직업이다. 초연결사회에서는 소비 트렌드가 소유에서 공유로 변화하면서 개인 자산의 가치평가 기준도 달라질 것으로 예상되는데, 이 직업은 이에 대한 새로운 평가기준을 정립하고 공유자산을 효율적으로 관리할 수 있는 방안을 제시해줄 것이다.

이러한 창직도 창무와 같이 경력창의성의 요소인 경력자본(전문성), 창의성, 디자인역량이 역동적으로 상호작용하여 발휘될 때 가능하다. 특히, 창직의 과정에서는 디자인역량을 가지고 새로운 직업의 프로토타입을 테스팅할 때, 고객의 반응과 니즈를 적극적으로 반영하여 개선해나가는 것이 중요할 것이다. 이와 같이 개인적 차원의 창무가 사회적 차원의 창직으로 발전하기 위해서는 어떤 차별화된 노력을 기울여야 할까? 이와 관련된 구체적인 전략은 5장에서 자세하게 다루고자 한다.

4.3. 창업♦

창업이라는 단어를 들으면 가장 먼저 무엇이 떠오르는가? 물론 개인차가 있겠지만 대다수의 사람들이 잘 알려진 프렌차이즈 치킨이나 커피숍 이름을 떠올릴 것이다. 하지만 경력창의성에서 다루는 창업은 이와 같은 창업과는 차이가 있다. 창무와 창직을 통해 새롭게 구현되는 창업을 의미하며, 이는 본사에서 이미 개발된 영업활동을 시작하는 프렌차이즈

창업과는 다소 차이가 있다. 창무와 창직이 기존에 없던 직무와 직업을 새롭게 만드는 과정이었기 때문에 창무와 창직을 통해 구현되는 창업 역시 기존의 창업시스템과는 차별점을 가진다.

경력창의성을 잘 보여준 창업의 예를 살펴보면, 그 안에서 창무와 창직의 과정도 발견할 수 있다. 세계적인 숙박 공유 플랫폼 에어비앤비(Airbnb)를 창업한 Brian Chesky는 학회가 열리는 장소 근처에서 숙소를 잡지 못한 사람들에게 방을 대여해주고, 공항 픽업을 해주는 창무를 시작으로 숙박 공유 플랫폼 개발자라는 새로운 직업을 만들고 이를 통해 새로운 사업의 창업도 할 수 있었다. 전국 90%의 초·중·고등학교에서 사용하고 있는 교육 소셜 플랫폼인 클래스팅(Classting)의 창업자 조현구 대표는 초등교사시절 담임교사로서 본인의 학급을 위한 앱을 만들었는데 선생님들 사이에 입소문이 나면서 새로운 시장이 형성되었고 사용자가 증가하면서 서버운영비가 감당이 되지 않게 되자 결국 창업을 하게 되었다고 하였다. 즉, 본인의 학급을 관리하고 학생들에게 유용한 학습콘텐츠를 제공하기 위해 교육 서비스 앱을 제작한 창무활동이 결국에는 성공적인 창업에까지 이르게 한 것이다.

창업을 통해 기존의 직업이나 직무가 재창조되는 경우도 있다. 인터넷에서 수 천 편의 영화나 TV프로그램을 원하는 대로 시청할 수 있는 넷플릭스(Netflix)는 1997년에 영화 DVD 우편 대여서비스로 사업을 시작하였다. 넷플릭스에서는 사용자 개개인의 취향을 분석하여 선호할만한 영화를 맞춤형으로 추천해주는데, DVD 대여서비스를 실시할 당시에도 고객들에게 영화관람 후 별점을 매기도록 하여 우편으로 추천영화 리스트를 보내주었다고 한다. 기존에 DVD 대여를 관리하고 별점을 분석하여 영화리스트를 우편으로 보내주었던 직업과 직무가 현재는 동영상 스트리밍 서비스를 관리하고 영화추천 알고리즘을 설계하는 직업과 직무로 재창조되었음을 알 수 있다.

세계적인 공유오피스 회사인 위워크(Wework)의 공동창업자 Miguel McKelvey는 최고문화경영자(Chief Culture Officer, CCO)라는 특이한 직함을 가지고 있다. 그는 한 매체와의 인터뷰에서 자신을 위워크의 공간에서 사용자들이 즐겁게 업무하고 네트워킹을 형성하며 함께 성장할 수 있도록 새로운 문화와 이벤트를 디자인하는 사람이라고 소개했다. 미국에서 시작된 공유주방 서비스의 경우도 요리공간을 임대해주는 것이외에 예비창업자들이 새로운 음식을 개발할 수 있는 시스템을 지원하거나 전문가의 컨설팅을 받을 수 있도록 해주고, 여러 식당을 입주시켜 다양한 음식을 배달하는 서비스를 실시하기도 한다. 이와 같이 창업을 통해 공유오피스와 공유주

방과 같은 새로운 공간이 창조되고 그 공간만의 독특한 기능과 특성에 따라 새로운 직무와 직업도 창출될 수 있음을 알 수 있다.

그렇다면 창업은 창직과 어떤 차이가 있을까? 고용노동부(2013)에서는 창직과 창업을 다음과 같이 구분하였다. 먼저, 경제성기반이 창직은 개인역량에 있다면 창업은 조직에 있다. 또한, 창직은 필요자원으로 지식과 기술, 경험, 네트워크 등이 요구된다면, 창업은 창직의 필요조건에 사업아이템, 자금, 판매망 등이 추가적으로 더 요구된다. 창직은 개인적 차원에서 새로운 직업을 발굴하고 직업적 가치를 실현하는 것이라면, 창업은 조직적 차원에서 새로운 기업을 설립하여 이윤추구와 사회적 책임의 수행과 같은 기업가 정신을 실현하는 것이다(이정원, 2015).

따라서 모든 창무와 창직이 항상 창업으로 구현되어 성공할 수는 없다. 하지만 경력창의성의 구성요소인 경력자본(전문성), 창의성, 디자인역량이 창무와 창직이 실현될 때와 같이 역동적으로 발휘된다면 성공적인 창업을 이룰 수 있을 것이다. 이를 위한 구체적인 전략은 5장에서 자세하게 다루고자 한다.

chapter 05

경력창의성 전략

♦

지금까지 경력창의성의 중요성(why), 경력창의성의 내용(what), 경력창의성의 제모습(who, when, where)에 대해 설명했다. 나머지 남아 있는 문제는 바로 어떻게(how)에 대한 이슈라고 볼 수 있다. 이는 21세기 빠른 변화와 불확실성 시대를 사는 우리들이 어떻게 경력창의성으로 무장하여 지속적인 성장을 이루어나갈 수 있느냐의 문제이다. 방법이 있어야 실천할 수 있고 바라는 결과를 효과적으로 얻을 수 있을 것이다. 본 장에서는 이를 경력창의성 전략으로 설명하고자 한다. 단순히 방법이 아니라 전략이라는 말을 사용한 이유는 첫 번째, 경력의 항해는 장기적이고도 더 높은 목표를 향하여 끊임없이 도전해가는 과정이므로 단기적인 테크닉으로서의 방법론은 그 효과를 담보하기 어렵기 때문이다. 두 번째, 전략은 방법의 특색 있는 총합의 의미를 가지고 있어서 다양한 방법들의 일관된 연결을 통해 목표를 효율적으로 달성할 수 있도록 한다는 의미를 지니고 있기 때문이다. 결과적으로 전략은 각 개인의 경력목표에 비추어 다양한 경력개발 방법들을 효과적으로 조직화하고 구조화하려는 계획이라고 볼 수 있다.

경력창의성의 전략을 논의함에 있어서 한 가지 딜레마는 소개될 전략이 단순한 경력개발전략이 아니라 경력창의성으로서의 정체성을 가진 전략이어야 하며 그럼에도 불구하고 경력과 관련하여 다양한 도전을 받고 있는 많은 사람들의 일치되지 않는 개별적 상황에 도움을 줄 수 있는 전략으로서 어떻게 위치시킬 수 있는가 하는 문제이다. 결국 일관된 정체성을 지니면서도 각기 다른 개별상황에도 적용될 수 있는 전략으로서의 내용들이 포함되어야 한다는 것이다.

우리는 이러한 딜레마를 과정으로서의 전략과 내용으로서의 전략으로 나누어 그 해결책을 모색해 보았다. 과정으로서의 전략은 경력창의성의 정체성을 강조하고, 내용으로서의 전략은 경력창의성의 다양한 적용을 강조한 것이다. 경력창의적 인재가 공통적으로 겪어가는 시간적 과정의 관점이 과정전략이라면 이러한 과정이 각 인재들의 경력특질에 따라 다양하게 적용될 수 있는 전략이 내용전략이라고 볼 수 있다. 일관성과 융통성의 문제는 일견 트레이드오프(Trade off) 관계처럼 보이지만 창의적인 사람들은 오히려 두 가지를 모두 적절하게 취함으로써 보다 강력한 응용력을 보여준다. 경력창의성 전략도 마찬가지로 과정전략이 일관성의 특질을 보다 잘 보여주고 내용전략이 융통성의 이슈를 보다 잘 다루고 있다는 것 뿐이지 절대적으로 과정전략은 일관되기만 하고 내용전략은 가변적이기만 하다는 것을 의미하지는 않는다. 두 전략은 서로 대립되기보다는 다른 측면에서 경력창의성의 발현을 지원한다.

5.1. 경력창의성의 과정전략◆

Jenny Blake(2016)는 그녀의 책 『피벗하라(PIVOT)』에서 경력성공을 위한 안전한 방법론을 제시하고 있다. 피벗은 마치 농구선수가 자신의 공을 공격수에게 잘 전달하기 위해 한 발은 고정하고 다른 한 발로 이리저리 움직여 보듯이 경력에서도 자신의 홈그라운드는 계속 강화하면서도 더 나은 발전을 위해 이리저리 살펴보는 활동을 의미한다. 지금과 같은 불확실성 시대에 피벗은 경력개발을 위해 매우 필요한 활동이다. Jenny Blake는 경력관리를 위한 피벗활동을 [그림 5-1]과 같이 자리잡기, 둘러보기, 시험하기, 출발하기의 4단계로 나누어 조금 더 자세하게 설명하고 있다.

[그림 5-1] 피벗

자리잡기 단계는 나침반을 고정하고 목적지를 분명히 하는 단계이다. 즉, 지금 나는 어디에 있고, 어디로 가고 싶은가를 결정하는 단계이다. 『Born for This』를 저술한 Chris Guillebeau는 이 문제에 대해 'Passion－Money－Flow'의 모델을 제시했는데 경력 선택에 있어서 열정과 돈과 몰입을 그 기준으로 삼아야 한다는 것이다. 열정(passion)은 자신이 무엇을 제일 하고 싶어 하는가의 문제이고, 몰입(flow)은 자신이 무엇을 제일 잘하는가의 문제이며, 이러한 준거에 의해 선택된 직업은 나름대로 재정적 뒷받침(money)도 충분히 될 수 있는 직업이어야 한다는 것이다. Jenny Blake는 또한 엔진에 연료를 주입하듯이 자신의 강점을 찾아 증진시키고 비상을 위한 활주로 마련을 위해 재무적 탄탄함을 구축할 필요성을 역설하고 있다.

둘러보기는 직접적인 피벗의 단계로 인맥쌓기와 학습하기가 주요 내용이다. 자리잡기를 통해 어느 정도의 경력자본이 형성되었다면 둘러보기를 통해 자신을 잘 마케팅할 수 있는 토대를 구축하는 것이 중요하다. 자신을 성장시키고 홍보하기 위해 경력네트워크를 형성하는 것이 매우 긴요한데 이를 위해 멘토들을 잘 구성하고 그들로부터 많이 배우고자하는 노력이 필요하다. 내가 누구와 함께 어떻게 성장할 수 있는지를 학습했다면 그 다음은 나의 독특한 가치를 더 성장시키고 그 가치의 가시성을 높이려는 노력을 하는 것이다.

시험하기는 지금까지 학습한 것, 나의 특성과 역량, 나만의 자그마한 프로젝트 등이 그 분야에서 소기의 성과를 이루어내는지 평가해보고 위험부담을 줄여가는 활동이다. 시험하기는 어떤 실험을 할 수 있는지 식별하고, 데이터 수집을 위해 직접 실험을 실행하고, 그 결과 무엇이 성공적이었고 또 어떤 부분이 개선이 필요한지 평가해봄으로써 실패의 위험은 줄이되 경력기회는 확장시킬 수 있는 올바른 방향과 준비를 구축하는 단계이다.

출발하기는 직접 경력세계에서 조그마한 성과를 내보는 단계로 용기는 뒤에 생각하고 직접 만들어보기를 권하고 있다. 또한 실패에 대해서도 긍정적 생각으로 바꾸어 실패가 기술과 시장환경에 대해 정확한 정보를 가져다주는 좋은 기회로 생각하고 실패의 근저에 숨어 있는 자신의 강점과 교훈을 파악해 빨리 회복하는 것이 중요하다는 것을 강조하고 있다.

◆

Jenny Blake의 피벗개념은 Eric Ries의 '린 스타트업(lean startup)'의 개념과 총체적 품질관리의 '지속적 개선(continuous improvement)'의 개념을 경력분야에 잘 옮겨 놓은 듯한 인상을 받는다. 린 스타트업은 창업의 실패를 줄이기 위해 모두 완성한 다음에 제품을 시장에 내놓지 말고 프로토타입에 해당하는 제품을 시장에서 지속적으로 테스트하여 시장과 고객의 반응을 실시간으로 반영하여 실패의 비용을 줄여가는 방법이다. 불확실성 시대에 비용과 위험을 최소화하기 위해서는 목표로 하는 산출물의 형성과정 각 단계에 실험과 피드백을 적절히 활용하여 지속적으로 개선하는 활동이 조직뿐만 아니라 개인에게도 모두 적용된다고 볼 수 있다. 다만 조직에서는 제품 또는 서비스의 산출과정이고, 개인에게는 경력의 형성과정이라는 점이 다를 뿐이다. 피벗은 이렇듯 경력을 안정적으로 관리하는 방법으로, 장기적 비전은 고정하더라도 상황에 맞게 단기적인 경력개발 방법들을 다양화하여 궁극적으로 개인의 경력성공에 효과적으로 다가갈 수 있게 하는 전략을 제안한다.

　하지만 경력창의성의 관점에서 볼 때, 피벗은 경력초기 또는 경력전환기에 활용할 수 있는 단기적인 활동으로서는 유의미해 보인다. 개인의 경력은 전 인생에 걸쳐 지속되는 것으로서 스냅사진처럼 일정기간의 전략만으로는 충분하지가 않다. 오히려 이러한 피벗활동이 모여서 전체의 큰 그림을 디자인할 수 있는 전략이 필요하다. 피벗이 나무에 해당한다면 경력창의성 과정전략은 숲에 해당한다고 볼 수 있다. 빠른 기술의 진보와 사회·경제환경의 변화는 우리에게 나무와 숲 모두를 볼 수 있는 혜안을 요구한다. 나무를 잘 볼 수 있으면 비용과 낭비를 줄일 수 있고 숲을 볼 수 있다면 목표를 효과적으로 성취할 수 있는 방법을 잘 선택할 수가 있다. 경력창의성 과정전략은 피벗을 잘 활용하여 원하는 경력성공을 배가시킬 수 있도록 지원하는 전략이다. [그림 5-2]는 이러한 경력창의성 과정전략을 잘 요약해주고 있다.

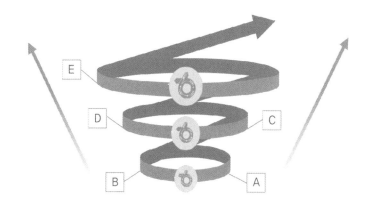

[그림 5-2] 경력창의성 과정전략

[그림 5-2]에서 가운데 원 안에 들어있는 것은 [그림 5-1]과 같은 피벗활동을 의미한다. 나선형 가장자리의 사각형은 피벗활동의 산출물 즉, 피벗을 통해 성취한 경력을 의미한다. 이렇게 단기적으로 성취한 경력은 또 다른 피벗활동을 통해 다른 경력을 포함하고, 이것이 서로 상승작용을 일으켜

나선형 성장을 이루어나가는 것이 바로 경력창의성 과정전략
이다. 창의성의 요체는 서로 이질적인 것들의 융합에 의해 새
로운 부가가치를 창출해내는 것에 있고, 경력에 있어서도 서로
다른 것 같은 경력을 융합하여 새로운 경력을 창조해내는 것이
창의적 경력자의 활동이라고 볼 수 있다. 이러한 융합의 연속
적인 활동이 나선형처럼 상승작용을 일으켜 확대된 경력성공
을 성취하는 과정을 [그림 5-2]가 보여주고 있는 것이다.

◆

『Mosaic principle』(2017)을 저술한 Nick Lovegrove는
그의 저서에서 아이티에서 활동하고 있는 의사인 Joseph에
대한 이야기를 전해주고 있다. Joseph은 하버드 의대 졸업생
으로 훌륭한 외과의사이다. 그는 다른 의사들과 달리 특이한
점이 있었는데 바로 의학을 전공하면서 또 하나의 학문분야
로 인류학을 전공했다는 점이다. 그의 인류학에 대한 관심은
2010년 1월 12일 규모 7.0의 강진이 일어나 대규모의 사상자
가 발생한 아이티에서 의사로서 봉사활동을 시작하게 되면서
부터이다. 그래서 그는 하버드 의과대학에서 일주일 중 절반
만 일하고 나머지 시간은 아이티에서 의료봉사를 하였다. 아
이티에서의 의료활동은 그에게 또다른 전문성을 가지게 되는
기회가 되었는데 바로 하버드대학병원에서 일할 때 볼 수 없

었던 다양한 환자케이스와 질병과 질환의 종류를 볼 수 있었고 자신의 진료 역량을 획기적으로 끌어올릴 수 있었던 것이다. 이러한 그의 아이티에서의 봉사는 당시 오바마 정부에도 알려져 많은 정부지원을 받을 수 있었고, 아이티 해외의료봉사를 책임지는 지위에도 오르게 하였다.

Lovegrove가 그의 책에서 강조하고자 했던 것은 전문성 개발에 있어서 깊이만 보지 말고 넓이 또한 중요하다는 점을 역설하고자 한 것이었지만 경력창의성의 관점에서도 이러한 주장은 그대로 유용하다. Joseph은 의사였지만 그것에만 머무른 것이 아니라 인류학자이고 봉사자인 동시에 정책담당자이면서도 행정관리자였던 것이다. 그의 동료들은 그를 아주 빼어나고 탁월한 인재라고는 보지 않고 평범한 동료라고 얘기했지만 그는 아이티의 성자이자 오바마 보건정책에 큰 공헌을 한 정책담당자였던 것이다. 영향력과 가치실현의 측면에도 그의 업적은 대단히 성공적이다.

이러한 외국의 예 말고도 경력창의성이 뛰어난 저자의 두 친구를 소개하고자 한다. 고등학교 동창인 K는 1990년대 초에 C은행에 입사하여 그동안 우리나라에 제대로 소개되지 않았던 프라이빗 뱅킹의 업무를 맡아 부자들의 돈 관리 방식에 대해 배우고 은행의 선진적인 기법을 열심히 익히게 되었다. 기회는 IMF 시기에 왔는데 다른 국내 은행들이 문을 달게 되면서 외국계 은행의 방식을 선호하게 되었고 이에 따라 K는 다른 곳에서 프라이빗 뱅킹을 소개하고 강의할 수 있는 기회가 많아지게 되었다. 그는 또 강의를 잘해서 알기 쉽게 설득력 있는 메시지를 전달했는데, 우연한 기회에 그의 강의를 본 D증권의 고위간부에게 강남의 D증권 시저스클래스 지점장을 맡아보지 않겠냐는 제의를 받게 되었다. 30대에 지점장이 된 그는 이후에도 스탠다드차타드은행, HSBC 등 주로 외국계 은행에서 이사직을 선임하며 최연소 이사 선임이라는 명성을 지속해서 얻어나갔다. 그럼에도 불구하고 K는 자신의 강의스킬을 녹슬지 않게 하였는데 끝으로 이사직을 사임한 이후에도 자신의 강의를 살리기 위해 가정경제연구소를 설립하여 좋은 재테크의 컨설팅과 강연을 이어나가고 있다.

또 한 친구 P는 사법시험에 합격하여 검사로 임용되었는데 검사이면서도 자신의 전공인 경영학을 살려 다시 회계사 자격증을 획득하였다. 이러한 그의 전문성은 검찰 내에서도 경제사건들을 주로 다루는 특성화로 이어졌고 이런 방면에서 그는 탁월한 성과를 이루어내었다. 이러한 점들로 인해 그가 검사직을 그만두고 변호사로 전향할 때 경제지식과 법률지식을 겸비한 그의 재능을 많은 로펌에서 인정하였고 안정적으로 좋은 로펌에 취업할 수 있었다.

◆

　이 두 가지 국내사례의 공통점은 자신의 원래 경력자본에 충실하면서도 이것의 확장을 위해 다른 경력분야를 융합하고 이것의 시너지를 끊임없이 확대해나갔다는 점이다. 경력창의성은 서로 독립적이고 이질적일 것 같은 다른 경력분야를 융합해보고 이를 끊임없이 테스트하고 응용해보면서 남들이 잘 가지 않는 새로운 영역을 개척하거나 특화된 전문성으로 독특한 위치를 점유해 내는 것이다. 자동차로 빗대어 본다면 이러한 나선형 과정의 피벗은 엔진이 되고 과정전략은 네비게이션이며 좋은 디자인의 차체가 된다고 볼 수 있다.

　과정전략에서 나선형의 상승이 지속적으로 이루어나갈 수 있기 위해서는 중간 중간 피벗의 파우어뿐만 아니라 선순환의 서클이 완성될 수 있도록 전략적 사고를 기울여야 한다. P의 경우도 회계사 자격증을 획득하기는 했지만 그러한 회계지식을 검사활동의 전문성을 위해 잘 활용하였고 변호사가 되어서도 남들이 쉽게 근접하지 못하는 복잡한 경제사건들을 법적으로 해결할 수 있는 독보적인 위치로 자신을 끌어올릴 수 있었다. K의 경우는 자신이 강의를 잘 하는 재능이 있다는 것을 알았지만 아무 주제나 강의를 한 것이 아니라 프라이빗 뱅킹을 통해서 갈고 닦았던 재무적 지식과 노하우를 중심으로 고객에 따라 다양하게 구성하여 전달함으로써 강의와 재무적 지식 모두 부가가치를 높일 수 있는 경지로 새롭게 입성할 수 있었다. 과정전략에서의 선순환 조건은 다음과 같은 경로를 보여준다.

$$A+B \rightarrow (A \times \alpha)+B \rightarrow (A \times \alpha)+(B \times \beta) \rightarrow (A+B)^2 \rightarrow$$
$$(A+B)^2 +C \rightarrow [(A+B)^2 +C]^2 \rightarrow \infty$$

위와 같이 지속적으로 확대되어 가는 것이다. A라는 경력분야는 B라는 경력분야를 만나 서로 α와 β의 부가가치를 증진하고 이것이 화학적 결합을 통해서 최초의 A＋B보다는 증가된 성과인 (A+B)²로 이어지며 이러한 결합이 다시 새로운 C의 경력분야를 포함하여 지속적으로 경력상승을 이루어나가는 모습이라고 볼 수 있다. 경력창의성 과정전략의 핵심은 A와 같은 본래의 경력영역에서 다른 경력영역인 B를 만나 어떻게 α와 β와 같은 부가가치를 만들어 나가느냐 하는 것에 달려있다고 볼 수 있다. 위에서 예로 든 Joseph의 경우 그의 외과의사로서의 전문지식(A)은 아이티에서 봉사활동(B)을 하면서 훨씬 더 많은 의료케이스들을 접하면서 확장(Aα)되었고 아이티에서의 봉사 또한 그의 의사로서의 전문성을 통해 효과적으로 지진피해자들을 도와줄 수 있었던 것이다

(B×β). 이러한 시너지는 그에게 가난한 자의 의사라는 명성 [(A+B)²]을 가져다 주었고 이러한 명성에 힘입어 다시 오바마의 보건 구호정책에 밑거름이 될 수 있도록 구호정책관이라는 기회(C)를 얻어 많은 정책지원과 함께 아이티에서의 의료 구호활동을 예전과는 차원이 다른 큰 규모의 조직적 실천 ([(A+B)²+C]²)으로 이어가고 있는 것이다.

선순환을 이루기 위한 부가가치 창출(α와 β)은 과정전략보다는 밑에 서술하는 내용전략에서 보다 상세히 설명하고자 한다.

5.2. 경력창의성의 내용전략◆

경력창의성의 내용전략은 나선형 선순환의 경로와 같이 시계열적인 과정전략과는 달리 각 경력영역에서 창출할 수 있는 부가가치에 초점을 맞추고 있다. 경력영역이 다양한 것과 마찬가지로 내용전략 또한 여러 유형으로 구분될 수 있다. 이러한 유형을 알기 쉽게 이해하기 위해서는 우선 유형을 구분 짓는 기준을 설정할 필요가 있다. 경력을 성공적으로 개발하기 위해 가장 많이 고려해야 할 요소는 경력의 세계가 내포하고 있는 위험과 보상에 대해 자신이 어떠한 판단을 하고 있는가 하는 점이다. 물론 경력개발 영역에서도 '고위험 고수익(high risk, high return)의 원칙'이 제시될 수 있지만 경력창의성 관점에서는 그러한 방향이 꼭 옳고 가야만 하는 목표라고 볼 수 없다. 여기서 중요한 문제는 고비용 투자와 고위험을 감수하지 않는다고 하더라도 개인의 특성에 맞게 자신의 분야에서 어떻게 창의적으로 부가가치를 창출하면서 나선형의 경력경로를 창출해 갈 수 있느냐이다. 위험에 대처하는 인간의 태도는 크게 적극적 대처와 소극적 대처로 나눌 수 있다. 적극적 대처는 위험에 굴하지 않고 때로는 오히려 위험을 스스로 만들며 지속적으로 도전(challenge)해가는 방법이며, 소극적 대처는 최대한 위험을 관리하고 더 이상 확대되지 않도록 적응(adaptation)해가는 방법이라고 볼 수 있다. [그림 5-3]은 이러한 경력 위험에 대한 태도를 나타낸 것이다.

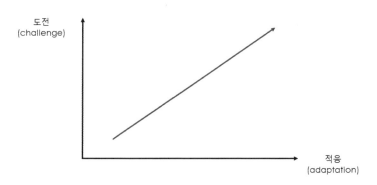

[그림 5-3] 경력 위험에 대한 태도

경력성공을 향한 개인의 성향도 이 두 가지에 따라 구
분될 수 있다. 보다 안정을 추구하는 사람들은 적응적 전략
을 취하여 위험을 관리하고자 하며 보다 많은 성취와 변화를
원하는 사람들은 도전적 전략을 취하여 위험을 감수하고 때
로는 직접 위험을 창조해내기도 한다. 이 두 기준에 따라서
대표되는 직업군을 [그림 5-4]에서 확인할 수 있다.

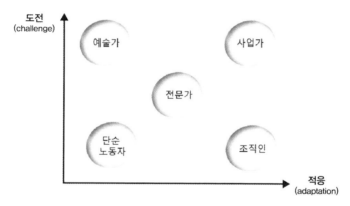

[그림 5-4] 도전과 적응에 따른 대표적 직업군

이 다섯 개의 직업군이 모든 직업을 포괄하는 것은 아
니지만 어느 정도 경력의 대표적 속성들을 강하게 나타내고
있다. 지금 독자가 갖고 있는 직업은 이러한 다섯 가지 속성
을 모두 갖고 있을 수도 있을 것이다. 다만 그렇다고 하더라
도 위험과 관련하여 각 경력영역은 이 다섯 가지 속성이 균

형 있게 포함되어 있다기보다는 어느 한두 가지만 특징적으로 많이 내포하고 있을 것이라는 것이다.

앞에서 단순노동자의 경우는 도전정신도 낮고 적응적 태도 또한 낮은 경우에 해당한다. 위험에 대한 생각이 희박하거나 아니면 아직 생성되기 이전의 모습이라고 볼 수 있다. 주어진 업무를 성실히 수행하고 일일업무량을 마치면 그것으로서 직무를 다한 것으로 인식하기 때문이다. 하지만 그렇다고 해서 단순노동자의 영역을 낮게 평가할 필요는 없다. 왜냐하면 우리 모두 경력초기에 여기에서 시작하기 때문이다. 단순노동자의 영역을 거치지 않고 다른 영역으로 먼저 훌쩍 가버리기는 어렵다.

조직인의 영역은 도전정신은 낮지만 적응력이 뛰어난 직업군이다. 사무실 정치(office politics)가 아무리 난무해도 이러한 혼란 속에서도 살아남고 조직의 유지와 지속가능을 위해 노력하는 직업군이다. 이들은 발전보다는 생존을 우선시하며 조직 밖보다는 조직 내에서 계층사다리를 올라가기 위한 전략에 몰두한다. 기존의 산업화시대의 경력이론 및 모델들은 모두 이 조직인의 입장에서 개발되었고 따라서 현재 경력과 관련하여 진행되고 있는 경력활동의 패러다임 전환과 다양한 양상들을 담보하고 있지 못하다. 하지만 여전히 조직인으로서의 경력개발을 추진하고 있는 많은 사람들이 있고,

실업기간을 지나 초기 취업상태로 진입했을 때는 이러한 경력영역의 비중이 클 수밖에 없다.

전문가군은 도전과 적응에 있어 모두 중간단계에 위치하며 적절하게 도전하고 적절하게 적응한다. 자신의 전문성이 활용될 수 있는 시장이 어떠한가에 따라 위험에 대한 태도가 많이 달라질 수 있다. 많은 노력 없이도 자신의 전문성이 희소가치 있게 많이 팔릴 수 있다면 적응하고자 노력할 것이고 그렇지 않고 자신이 직접 전문성을 설명하고 광고하지 않았을 때 시장수요가 끊어질 수밖에 없다면 도전을 위해 노력할 것이다. 전문가군은 꼭 변호사, 회계사, 의사 등의 고학력 고소득층만을 의미하지 않으며 일정기간 한 분야에 오래 종사하여 그 분야의 수준 높은 전문성을 쌓고 그 전문성을 통하여 수익을 창출하는 다른 많은 사람들을 포함한다.

예술가군은 적응보다는 도전을 우선시하고 자신의 표현적 정신을 펼치기 위해 노력하는 사람들이다. 기존의 것을 부정하고 창조적 영감을 획득하기 위해 끊임없이 도전하고 새로운 것을 창조하는 직업군이다. 위험을 감수하기도 하지만 때로는 직접 위험을 만들어서 예상치 못한 기회를 만들어내기도 한다. 하지만 적응에 대한 고려가 없는 만큼 큰 실패를 겪거나 저항을 받을 수도 있으며 이러한 상황을 어떤 식으로 회복해야 하는지에 대한 대안이 없을 수도 있다.

사업가군은 위험에 대해 가장 이상적인 대처능력을
지닌 직업군으로 볼 수 있는데 시장상황에 끊임없이 적응하
면서도 고객에게 가치를 창출하기 위한 도전적인 제품을 생
산하기 위해 노력하기 때문이다. 사업가에게는 예술가의 창
조적 정신뿐만 아니라 조직인의 생존력도 갖추어 창조와 생
존의 두 가지 표현방식을 모두 균형 있게 발휘하는 능력이
요구된다. 적응과 도전에 있어 모두 뛰어나야 하므로 앞서
언급되었던 직업군에서 기대되는 전략들을 모두 섭렵할 수
있어야 경력성공으로 나아갈 수 있을 것이다.

　　위험에 대한 대처가 다른 만큼 각 직업군은 그 속성에
맞게 서로 다른 성장전략을 지닌다. 이러한 각 직업군에 따
라서 발휘될 수 있는 경력전략은 [그림 5-5]와 같이 달라질
수 있다.

[그림 5-5] 직업군에 따른 경력전략

위와 같은 경력전략은 앞서 소개한 각 직업군과 연결될 뿐만 아니라 다음의 세 가지 활동의 비중에 따라서 각 전략의 특색이 구분된다고 볼 수 있다.

1) 경력자본(career capital)의 축적
2) 경력마케팅(career marketing) 활동
3) 창의적 창무, 창직, 창업 활동

경력자본

경력자본은 그 직업분야에서 겪어온 경험의 양과 질을 의미하는 것으로 내가 지닌 전문성의 정도를 말한다. 전문성에 대해서는 앞선 장에서 상세하게 설명하였기 때문에 여기서는 경력전략과 관련하여 경력자본의 중요성 및 전문성을 넘어서 볼 수 있는 다양한 측면들을 설명하고자 한다.

경력자본이 없는 경력전략은 내용 없는 형식과 마찬가지로 빈 깡통과 같을 것이다. 경력창의성의 어느 전략에서도 경력자본은 그 기본적 토대가 된다. 따라서 경력자본의 축적은 1차적인 필요조건이며 이것 없이는 그 어떤 경력성공도 기대할 수가 없다. 경력자본이 이처럼 중요한 개념임에도 불구하고 이에 대한 본질적인 이해를 가진 사람은 드물어 보인다. 예를 들어, 경력자본을 '숙련'의 정도로서만 생각하는 사람들이 많은데 이는 나무만 보고 숲을 보지 못한 셈이 된다.

　　경력자본의 또 다른 측면은 바로 '가치'의 측면이다. 경력은 한 개인의 내적가치가 직업과 일의 세계에 투영되어 경험되어진 과정으로서 숙련이라는 것도 그가 가진 내적가치의 형성적 결과물과 다를 바 없다. 진로설계사나 경력상담사가 저지르기 쉬운 잘못 중 하나는 단순히 내담자의 능력과 흥미를 진단도구로 간단히 조사하고 이에 맞는 직업을 연결하는 데에 초점을 맞추는 것이다. 물론 이러한 기본적인 활동이 아무런 정보가 없을 때에는 약간의 도움이 되기도 하겠지만 내담자가 경력을 디자인하는 데에 있어서 의미 있는 출발점이 되기에는 많은 문제점이 있다. 오히려 내담자가 자신의 일과 관련된 경험에 대해 어떤 판단을 하고 어떠한 의식의 흐름이 있었는지 그리고 그 배후에는 어떤 잠재적 의도가 있었는지를 면담을 통해 천천히 끄집어내려고 노력한다면 내담자가 자신의 경력에 대해 바른 이해를 하도록 이끄는 작업이 될 것이다. 정작 내담자는 왜 자신이 특정 직업을 선택하고자 하는지 또는 전직을 하고자 하는지 본인도 이해하지 못하고 있는 상태일 경우가 많다. 따라서 기계적인 정보의 제공은 오히려 내담자에게 의미 있는 지원이 되지 못할 수도 있는 것이다. 이처럼 숙련이라는 것은 한 개인의 내적가치가 자석처럼 끌어들인 지식과 기술의 총합이라고 볼 수 있으며 따라서 가치가 불분명하거나 이율배반적이라면 그가 가진 숙련의 정도 또한 파편화되어 있을 가능성이 크다.

가치와 숙련의 긴밀한 관계는 현재와 같은 4차 산업혁명 시대, 메이커 무브먼트 시대에 있어서는 더욱더 강조될 수밖에 없다. 왜냐하면 산업화시대에서의 숙련이라는 것은 기계적인 숙련, 즉 반복에 의한 효율성 증진이라는 측면으로서도 충분히 담보될 수 있었지만 지금은 전혀 다른 숙련을 요구하고 있기 때문이다. 기계적 숙련이 로봇에 의해 쉽게 대체될 수 있다면 인간에게 요구되는 숙련은 바로 로봇과 차별화되는 숙련, 즉 희소성 있는 숙련이다. 이러한 숙련은 표피적인 테크닉을 잘하는 것과는 질적으로 다르다. 인간만이 지닌 독특한 내적가치가 투영되어 오랜 시간 동안 농익은 스킬의 개발이 필요한 것이다. 미래로 갈수록 희소성 있는 숙련은 더욱 중요해질 것이며 이에 따라 숙련과 가치의 관계는 보다 긴밀하게 연결될 수밖에 없다는 점이 강조되어야 한다.

숙련에 있어서 기계적 숙련이 아닌 희소성 있는 숙련이 필요한 것처럼 가치에 있어서도 4차 산업혁명 시대에는 강조점이 변화된다. 바로 내재적 가치만이 중요한 것이 아니라 외재적 가치도 중요해지는 시점인 것이다. 개인의 입장에서 내재적 가치가 자기 인생의 목적(purpose)을 갖는 것이라면 외재적 가치는 이를 비전(vision)으로 선포하는 것과 같다. 목적과 비전은 서로 같은 듯 보이지만 사실상 내재적이냐 외재적이냐에 따라 사뭇 다르다. 여기서 중요한 것은 목적은 자신 인생의 여러 경험들이 투영되어 개인마다 독특한 정의를 내릴 수 있지만, 비전만큼은 이러한 목적과 긴밀히 연결된다고 하더라도 필히 시장성 있는 가치가 내포되어야 한다는 점이다. 특히 경력자본의 축적이라는 측면에서 자신의 관심사만 강조될 수는 없다. 시장이 무엇을 요구하는지 미래의 수요는 어떻게 변화될 것인지를 면밀히 검토하여 자신의 목적과 연결시키는 노력이 매우 필요하다. 즉 내재적 가치가 시장성 있는 외재적 가치와 연결되어야만 자신이 힘겹게 축적한 경력자본이 자본으로서의 역할을 다할 수 있는 것이다.

경력자본은 숙련과 가치의 조합으로 정의될 수 있고, 4차 산업혁명 시대에 숙련은 희소성 있는 숙련이, 가치는 외재적 가치가 점점 중요해지고 있으며 가치와 숙련의 긴밀한 관계가 강조되어야 한다는 점을 피력하였다. 그렇다면 이러한 경력자본을 어떻게 효과적으로 축적해 나갈 수 있을까? 경력자본 축적에 필요한 스킬들은 무엇일까? 이러한 문제에 대해서 저자는 두 가지 핵심적인 스킬들을 소개하고자 한다. 그것은 바로 '독자적 학습스킬'과 '투자스킬'이다. 이 두 가지 스킬은 많이 소개되지 않았지만 미래로 갈수록 점점 더 강조될 수밖에 없다고 본다. 왜냐하면 이 두 가지 스킬이 희소성 있는 경력자본의 축적과 비전의 성취를 효과적으로 도울 것이기 때문이다.

　독자적 학습스킬에서 중요한 것은 바로 '독자적'이라는 개념이다. 독자성에는 '독특함'과 '주인의식'이라는 뜻이 내포되어 있다. 따라서 남들이 모두 하는 학습을 따라하는 것이 아니라 나만의 유일한 학습세계를 창조한다는 의미가 담겨있다. 자신의 흥미와 관심사, 즉 초기 끌림에 따라서 꼬리에 꼬리를 물고 지식과 기술을 연마해 가는 것이다. 여기서 초기 끌림의 상태가 끈기로 이어지는 것이 중요하다. 대부분 자신이 어느 분야에 흥미와 끌림이 있다고 하더라도 치열하게 파헤치거나 깊이 있게 알아나가지는 않는다. 정보의 홍수 속에서 단순히 검색엔진의 도움으로 자신의 흥미를 해소해버리는 경우가 많다. 하지만 진정한 끌림은 소중한 자원이다. 이 끌림을 통해서 그 분야의 정통한 수준에 도달하는 첫 발을 내딛는 것이다. 그러므로 끌림이 끈기로 이어져 계속 지식의 눈덩이를 이루어가야 하는데 이때 필요한 것이 자신의 학습에 대한 주인의식이다. 눈덩이가 초기에 잘 뭉쳐지기만 하면 그것을 굴릴수록 크기가 어마어마하게 기하급수적으로 커지게 된다. 학습도 이와 마찬가지로 초기에 강렬한 관심을 가지고 이를 일관되게 추구하면 지식의 배후에 있는 원리와 통찰을 습득할 수 있게 된다. 이러한 통찰의 보물들이 경력자본의 독특성을 부여하며 남들과 차별화되는 경쟁력을 갖게 해주는 것이다. 거듭 강조하지만 이러한 일관된 지식의 항해를 위해서는 그 지식에 대한 오너십(ownership)을 가지고 끈질기게 추구하는 자세가 필요하다. 독자적이라는 뜻이 설명되었다면 이제는 '학습스킬'에 대한 설명이 필요하다. 학습스킬은 우리나라 중고등학교에서 강조하는 시험 잘 보는 스킬(test taking skills)과는 판이하게 다른 개념이다. 오히려 미래에는 다음의 세 가지 명제가 중요해질 수밖에 없다.

1) 성장마인드가 중요하다.
2) 실패로부터의 학습이 진정한 지식기반이 된다.
3) 암기지식은 실천지식을 따라갈 수 없다.

성장마인드는 스탠포드대학의 심리학 교수인 Carol S. Dweck의 『Mindset』이라는 책에서 강조된 것으로 자신이 지닌 지능은 가변적인 것으로 노력에 의해 향상시킬 수 있다는 마인드셋을 의미한다. 이와 대조되는 개념은 고착마인드로서 성장마인드와는 반대로 지능은 고정되어 있어서 노력에 의해서 변화되지는 않는다는 믿음이다. 고착마인드의 최대의 단점은 위험을 회피한다는 것이다. 고착마인드를 가진 학생은 자신의 지능이 120 이상의 높은 점수를 받았다고 하더라도 난이도가 낮은 문제에 대해서는 적극적으로 풀려고 하지만 120의 지능을 넘는 어려운 문제가 나오면 자신의 지능수준이 표출되거나 또는 지레 이 문제는 내 수준에서 풀 수 없다는 생각을 가지기 때문에 풀려고 시도하지 않고 회피한다는 것이다. 반대로 성장마인드를 가진 학생은 자신의 수준을 뛰어넘는 문제가 나온다고 하더라도 지능은 얼마든지 가변적으로 바뀔 수 있기 때문에 적절한 동기화의 지원이 있다면 오히려 어려운 문제를 성장의 기회로 삼아 도전을 주저하지 않는다. 이러한 마인드셋이 장기적으로 영향을 미친다면 어떻게 될까? 성장마인드를 가진 학생은 지속적인 도전을 통해 성장해 가지만 고착마인드를 가진 학생은 어려움을 회피하려는 성향 때문에 학습을 멈추게 될 것이다. 성장마인드는 자신의 노력에 의해 성과가 얼마든지 향상될 수 있다고 생각하지만 고착마인드는 성과가 고정되어 있어 노력의 가치를 평가절하하게 된다. 어렸을 때부터 성장마인드를 촉진시키려면 잘했다 못했다의 기준으로만 평가하지 말고 성과에 관계없이 자녀의 노력도의 높고 낮음에 집중하여 칭찬해주는 것이 중요하다. 노력의 가치가 무시될수록 인간의 성장은 멈추게 된다.

성장마인드의 함의점은 여기서 그치지 않는다. 고착마

인드를 가진 사람은 실패를 회피하기 때문에 학습이 멈추지만 성장마인드를 가진 사람은 실패를 자연스럽게 받아들이고 이를 통해 진정한 학습을 할 수 있는 기회를 가지게 된다. 실패를 통한 학습이 진정한 나의 것이 되는 이유는 바로 산지식을 습득하게 되기 때문이다. 실패는 학습자에게 직접적이면서도 생생한 경험이 된다. 따라서 성장마인드를 유지한다면 좌절을 극복하고 풍부한 학습자원 확보의 기회를 갖게 되는 것이다. 이를 통해 글로써만 익힌 형식화된 지식의 수준을 벗어나 사물의 현재 질서와 본질적인 속성을 파악할 수 있는 암묵적 지식의 수준을 엿보려는 노력을 하게 된다. 실패 극복을 위한 다양한 노력 자체가 학습스킬을 증진시키며 뿌리 깊은 독자적 지식체계를 형성하는 데 큰 보탬이 되는 것이다.

암기지식이 실천지식을 따라갈 수 없다는 점 또한 이러한 관점에서 파악될 수 있다. 암기지식은 사물 또는 현상의 표피적인 이해를 도울 수는 있지만 그 현상의 이면이 담고 있는 다이내믹스 또는 감춰진 패턴의 오묘함을 알아차리게 할 수는 없다. 이를 파악하기 위해서는 실천이 담보된 깊이 있는 체험이 뒤따라야 하는 것이다. 예를 들어, 부동산 시장을 이해하고자 한다고 할 때 많은 사람들이 신문을 통해서 또는 부동산 관련 서적을 통해 부동산 시장을 이해하고자 할 것이다. 하지만 이러한 독서와 암기만을 가지고서는 부동산 시장의 실제를 파악하기는 어렵다. 직접 경매, 공매, 소형아 파트, 빌라, 오피스텔, 토지 등 매매 또는 거래에 참여해보고 해당 지역을 직접 방문하여 시장의 흐름, 가격의 동향, 수요 와 공급의 정도, 지역적 차이, 주민들의 체감된 의견 등을 수 집하여 부지런히 비교·분석해보는 작업이 시장의 실제를 파 악하는 데에는 훨씬 도움이 된다. 또 다른 예로서 영어능력 을 증진시킨다고 가정해 볼 때, 'take'라는 동사의 사전적 의 미를 200개 이상 외운다고 한들 실제 회화에서 take를 잘 사 용하느냐 하는 것과는 별개의 문제가 된다. 오히려 너무 많 이 외우고 있어 실제 영어회화에 걸림돌이 될 수도 있다. 사 전을 외우는 대신 직접 영어를 사용해야만 하는 회사에 인턴 으로 단기 취업하여 매일 영어를 구사하는 노력을 한다면 take 동사의 용법을 5~6개 정도만 알아도 오히려 영어회화 능력은 훨씬 높아질 것이다.

'독자적 학습스킬'이라는 말을 들었을 때 혹자는 독서 실 한 구석에서 책을 펴고 열심히 공부하고 있는 학생의 이미 지를 떠올렸을지 모른다. 하지만 지금의 4차 산업혁명 시대에 서의 학습스킬은 이러한 의미하고는 차원이 다르다. 학벌 또는 '학력'을 쫓는 공부가 아니라 '활력'을 쫓는 공부가 되어야 한다. 왜냐하면 이러한 활력이 실천을 촉진하고 실천을 통한 생생한 지식의 내면화 그리고 깊은 체험에서 우러나오는 암묵적 지식의 축적과 통찰력만이 나만의 독자적 경쟁력을 지탱해줄 수 있기 때문이다. 독자적 학습스킬은 암기에 중독된 수험생의 모습이 아닌 강한 행동력과 실패에 대한 회복력, 그리고 이러한 실천의 결과로 얻게 되는 깊은 통찰력과 암묵적 지식으로 무장한 미래인재가 가진 위대한 자산이다.

경력자본에서 또 한 가지 중요한 스킬은 바로 '투자스킬'이다. 독자적 학습스킬로 독보적인 지식기반을 축적했다고 하더라도 그 지식의 내용이 나의 경력의 세계와 무관하여 발전에 도움이 되지 않거나 효과적인 투자가 되지 못해 기대되는 수익이 별로 나오지 않는다면 나의 경력경로는 험난해질 것이다. 투자스킬은 적은 투자로 많은 수익(return)을 얻는 스킬이다. 따라서 어떤 행동이 레버리지 효과를 크게 만들 수 있는지에 대한 감각을 익히는 것이다. 적절한 투자스킬이 없다면 많은 노력을 들였지만 낭비적 결과를 얻을 수도 있다. 효과적인 투자스킬은 빠른 변화의 시대에 재빨리 적응하고 오히려 선도하게끔 할 수 있는 필수적인 역량이라고 볼 수 있다. 경력에서의 투자스킬은 다음의 네 가지에 대한 투자를 적절히 할 수 있는 능력이라고 정의할 수 있다.

1) 교육
2) 관계
3) 자산
4) 몸과 마음

경력의 측면에서 각 네 가지 요소들은 상응하는 리턴을 가져오는데, 교육은 성장을, 관계는 지원과 기회를, 자산은 풍요를, 몸과 마음은 건강과 평화의 리턴을 가져다준다. 이러한 네 가지 리턴의 기반이 없다면 경력자본의 축적은 사상누각이 될 것이다. 경력자본 축적은 이 네 가지 요소들이 지속적으로 늘어나는 것이며 결국 투자스킬이란 자신의 한정된 시간과 에너지를 어디에 얼마만큼 적절하게 사용하느냐에 대한 감각과 능력이라고 볼 수 있다. 위의 네 가지 영역에서 원하는 결과를 얻기 위해서는 두 가지가 중요한데 투자스킬이란 이 두 가지에 대한 능력이라고 정의할 수 있다. 하나는 레버리지(leverage) 효과에 대한 통찰이고, 다른 하나는 바로 시간관리(time management)이다. 레버리지는 '지렛대'로 번역되듯이 효과적으로 지렛대를 사용하면 아무리 무거운 물건이라도 약간의 힘으로 들어 올릴 수 있는 작용을 의미한다. 우리가 겪는 문제 또는 기회의 어느 부문에 레버리지가 있는지 또는 어떻게 레버리지를 사용해야 하는지를 잘 안다면 보다 더 쉽게 결과를 성취할 수 있다는 원리이다. 금융에서는 꼭 자신의 현금이 아니라 외부의 차입에 의해 자신의 수익을 극대화하는 방법을 레버리지라고 하는데 이러한 원리는 우리의 경력개발에서도 충분히 활용될 수 있다. 그것은 바로 자신의 강점은 본인의 노력에 의해 극대화하지만 자신의 약점은 아웃소싱 등을 통하여 효과적으로 보완해 나가는 것이다. 자신의 경력개발이라고 하더라도 오로지 나의 힘으로써만 경력성공을 성취해야 한다는 강박관념도 경계해야 할 사고라고 볼 수 있다. 경력개발 초기에는 경력자본이 많이 축적되어 있지 않으므로 능력향상을 위해 자신의 노력에 많이 의존하겠지만 어느 정도 능력개발 이후에는 자신의 강점과 약점에 따라 전략이 바뀌어야 한다. 또한 경력개발은 오로지 자신에게 속한 자질의 개발이라기보다는 다양한 관계망에 의해 규정되는 것이므로 오히려 타인과의 관계 속에서 개발의 효과성을 취해가는 것이 중요하다. 예를 들어, 벤처창업의 길로 들어선 사람이라고 하더라도 자신이 상품개발과 기획력은 누구보다도 뛰어날지 모르지만 영업력 또는 마케팅 등에서는 상당한 약점을 지닐 수가 있다. 이러한 경우 모든 것을 오롯이 혼자 해결하기보다는 자신의 약점 분야가 오히려 강점인 타인과의 파트너십을 통해 일을 추진하는 것이 훨씬 효과적일 수 있는 것과 같다. 레버리지 효과는 다른 표현으로 한다면 'work less make more'를 지향한다는 것과 비슷하다. 즉 적게 일하고 더 많이 번다는 의미이다. 많이 벌기 위해서는 상식적으로 더 많이 일해야 하는 데 어떻게 적게 일하고 더 많이 벌 수가 있을까? Jennifer White(1999)는 그녀의 저서 『적게 일하고 많이 거둬라(work less make more)』에서 이를 가능하게 할 수 있는 네 가지 전략을 소개한다. 첫 번째는 제거(elimination) 원칙이다. 우리가 하는 일 중 자세히 검토해 보면 우리는 하지 않아도 되는 일에 열중하고 있는 경우가 많다. White는 어떤 과제가 자신의 to-do리스트에 2주간 계속 기록되었지만 그 일에 대해 아무런 조치를 하지 않아도 현실개선에 아무런 영향이 없었다면 그 업무는 차라리 지워버리는 것이 좋다는 것이다. 이처럼 앞으로 미래에는 무엇을 해야 하는지에 대한 생각보다는 무엇을 지워버려야 하는지에 대한 판단이 훨씬 더 중요해지는 시기가 되지 않을까 예상해본다. 두 번째는 자동화(automation) 원칙이다. 일을 수행하기 위해 하루에 일어나는 활동들을 자세히 살펴보면 매일매일 또는 주 단위로 계속 반복되는 활동들이 존재한다. 이렇게 반복성이 높은 활동들은 자동화시키려는 노력을 해보는 것이 좋다. 자동화의 장점은 매일 처음부터 다시 시작하는 것이 아니라 효율적으로 짧은 시간 안에 그 공정을 다 마칠 수 있다는 것이다. 마치 매월 관리사무소에 가서 아파트 관리비를 내지 않고 은행 자동이체를 통해서 더 이상 신경 쓰지 않는 상태를 만들어 놓는 것과 같다. 세 번째는 위임(delegation) 원칙이다. 모든 것을 내가 해야 한다는 생각에서 벗어나 과제를 더 잘할 수 있는 사람이 있다면 그 사람에게 일부 또는 전체의 일을 맡겨서 효과적으로 과제를 완성할 수도 있다. 위임에서 주의할 점은 결과에 대한 책임은 여전히 본인에게 있으므로 위임된 사람에게 과제의 범위와 활동의 성격을 명확히 하는 것이 중요하다는 것이다. 네 번째는 협상(negotiation) 원칙이다. 너무 어렵거나 장기간에 걸친 과제의 경우는 과제 관련자들과 의논하거나 또는 내가 선험적으로 정했던 원칙을 조정하여 다룰 수 있는 범위 내에서 효율적으로 일을 처리하는 것이다.

Work less make more의 전략은 언뜻 보기에 레버리지의 효과를 가장 잘 나타내는 말 같지만 실제로 열거된 원칙들을 보면 결국 시간관리를 효율적으로 할 수 있는 방안들을 소개한 것처럼 보인다. 이렇듯 레버리지 효과와 시간관리는 동전의 양면처럼 불가분의 관계가 있으며 투자스킬의 핵심을 구성한다. 투입대비 효과를 극대화하기 위한 투자스킬은 모든 사람들에게 공평하게 부여된 시간을 어떻게 활용하느냐에 달려있다. 달리 말해, 시간을 어느 영역에 얼마만큼 효과적으로 활용하느냐가 레버리지 활용의 문제라면 그렇게 활용되는 시간을 얼마나 효율적으로 단축시켜서 사용할 수 있는가 하는 것이 시간관리의 문제라고 볼 수 있다. 요약하면 투자스킬의 레버리지 활용은 투자의 내용(contents)과 효과성(effectiveness)의 문제이고 시간관리는 과정(process)과 효율성(efficiency)의 문제이다.

하지만 이러한 효율성 중심의 전통적인 시간관리 개념도 지금의 복잡다기한 환경에서는 패러다임의 전환이 일어나고 있다. 전통적인 시간관리는 일의 중요도와 시급성에 따라서 우선순위를 정하고 그 순위에 따라 시간을 배분하여 시간의 낭비를 줄여가는 것을 의미하였다. 여기서 조금 더 나아간 것이 바로 『성공하는 사람들의 7가지 습관』의 저자인 Stephen Covey가 주창한 'first things first' 원칙이다. 예상과는 반대로 Covey의 주장은 중요하지만 긴급하지 않은 일에 집중하라는 것이다. 중요하고도 긴급한 일을 제일 첫 번째로 고려해야 할 것 같지만 실은 우리가 삶에 대해 생각하고 학습하고 사랑하고 좋은 나의 족적을 남기려는 일과 같이 긴급하지는 않지만 중요한 것에 대해 더 많은 관심을 가져야 한다는 것이다. 상당히 타당하고 지금까지도 시의적절한 주장이 아닐 수 없다. 하지만 Covey의 이러한 주장도 자세히 살펴보면 시간을 어떻게 배분하여야 자신이 원하는 결과를 얻을 수 있는

지에 대한 효율적 관리의 개념을 크게 벗어나지 못했다는 것을 알 수 있다. 현재 시간관리의 패러다임 전환은 시간관리라는 명칭 자체가 무색할 만큼 다음의 두 가지 측면에서 커다란 변화가 있다. 첫 번째는 시간관리의 문제는 궁극적으로 자기관리의 문제라는 것이다. 시간이 주제가 되는 것이 아니라 자기 자신이 핵심주제이다. 자신의 감정과 생각, 말, 행동 등의 통제가 전제되지 않고서는 시간관리를 한다는 것 자체가 무의미하다. 자기이해와 자기조절의 관점에서 시간이 지니고 있는 의미를 깊이 있게 통찰하지 않는 한 효율적인 시간관리의 달인이 된다고 하더라도 그 결과의 가치는 크게 반감된다. 두 번째는 시간관리를 넘어서 시간창조가 더 중요하다는 관점이다. 시간관리의 개념에는 시간을 자신과 분리된 외적 객체로서 합리적인 통제의 대상으로 여길 수 있다는 전제가 깔려있다. 하지만 시간의 본질은 생각이 만들어낸 산물로 주관적 내적세계의 의미부여 정도에 따라 그 시간의 양과 질의 정도가 현격하게 차이난다. 결국 시간과 '나의 세계'는 결코 분리할 수 없다. 시간이 외적객체로서 통제의 대상으로서만 사고하는 '시간관리'의 측면에서는 매우 바쁜 일상을 약간 덜 바쁜 일상으로 전환하는 효과가 있을 수 있다. 하지만 시간창조의 관점에서는 시간은 다이내믹한 나의 세계를 표현하는 방식이며 새로운 나를 경험하기 위해 주도적으로 시간을 창조해낸다는 측면이 강조된다. 시간관리 측면에서의 시간이 생명력 없는 물리적인 시간을 의미한다면 시간창조 측면에서의 시간은 나의 의미가 충만한 활기 있는 시간을 의미한다. 투자의 관점에서 시간관리는 과정의 효율성을 담보하기도 하지만 새로운 투자처를 창조하는 내 삶의 표현방식이기도 하다. 여기서 중요한 것은 역시 위에서도 강조되었던 자신이 지니고 있는 가치의 선명성이다. 투자라고 하는 것은 자신이 지닌 가치에 준해서 그 리턴이 평가되기 때문이다. 가치의 기준이 명확하지 않다면 단지 각 요소들을 양적으로 확장했다고 한들 무용한 경력자본이 될 수도 있기 때문이다. 하지만 자신의 가치는 처음부터 명확하게 정의되기는 힘들며 역시 지속적인 시행착오와 실패를 겪으면서 그 가치의 선명성을 더해 나갈 수밖에 없다. 이러한 의미에서 투자스킬은 가치의 명확화와 자본의 축적을 동시에 지원하는 핵심스킬이 된다.

경력마케팅

위에서 경력자본은 숙련과 가치의 조합이라고 설명하면서 가치 중에 외재적 가치의 중요성이 커지고 있다고 언급한 바 있다. 경력마케팅은 이러한 외재적 가치를 증진시키기 위한 의사소통 활동이라고 볼 수 있다. 또한 내 경력의 시장적 가치를 높이기 위한 모든 노력을 의미한다. 자신이 아무리 많은 경력자본을 축적했다고 하더라도 이러한 자본이 시장에서 활용되지 않는다면 자본의 용도는 추락하고 말 것이다. 마케팅은 나의 경력자본을 시장에 효과적으로 알리고 가치롭게 활용될 수 있도록 촉진하는 활동이다. 경력마케팅을 통해서 경력자본의 가치는 극대화될 수 있으며, 다음의 세 가지 활동의 촉진을 통해 전개될 수 있다.

    1) 경력브랜딩(career branding)

    2) 경력포지셔닝(career positioning)

    3) 경력네트워킹(career networking)

경력브랜딩은 제품의 브랜딩과 같이 우리의 경력 또한 차별화된 브랜드 가치를 지닐 수 있다는 점에 주목한다. 브랜드(brand)의 어원은 노르웨이 고어의 'brandr'에서 비롯되었다고 추정되는데 이는 '태우다(burn)'의 뜻이라고 한다. 가축에 낙인을 찍어 타인의 소유와 자기의 것을 구분하는 것에서 비롯된 것임을 알 수 있다. 결국 브랜드는 타인과 자신을 구별하는 특정 속성을 구체화한 상징적 이름이다. 경력이 일과 관련된 내 삶의 궤적이라고 할 때, 직무활동에 있어서 타인과 구분되는 나만의 차별화된 가치가 무엇인가 하는 것이 경력브랜딩의 본질적 질문이다. 사치앤사치 광고회사의 대표

이사인 Kevin Roberts(2005)는 그의 저서 『Love Mark』에서 흔히 볼 수 있는 브랜드를 넘어서 고객의 충성을 일관되게 받아온 제품들의 브랜드를 러브마크(love mark)라고 표현하였다. 이성을 넘어선 충성도를 이끌 수 있는 힘은 무엇일까? 저자는 그 힘의 두 가지 원인을 존경(respect)과 사랑(love)이라고 파악하였다. 제품 중에서 고객의 존경과 사랑 둘 다 받지 못하는 것은 우리가 흔히 쓰는 일회용품(commodity)이고, 고객의 사랑은 있지만 존경은 받지 못하는 제품은 유행품(fad)이며, 고객의 존경은 받지만 사랑은 받지 못하는 제품은 일반 브랜드(brand)이고, 드디어 고객의 존경과 사랑 모두를 획득할 수 있는 제품이라야 러브마크(love mark)가 될 수 있다고 설명한다. 러브마크를 획득한 제품은 고객들이 자기 돈을 주고 구입하는데도 불구하고 출시 전날부터 판매소 앞에서 밤을 새워 기다리고 첫 구입을 위해 길게 늘어선 줄을 마다하지 않는 풍경을 가끔 목격하게 한다. 고객들은 그 제품과 함께 사진을 찍고 여러 SNS에 올리면서 무척 즐거워하는 모습을 보여준다. 러브마크는 고객들에게 감동을 주고 활력의 원천이 된다. 그러면 이러한 러브마크는 어떻게 구축될 수 있을까? Kevin Roberts는 러브마크를 만드는 세 가지 요소를 신비감(mystery), 감각(sensuality), 친밀감(intimacy)으로 설명한다. 러브마크는 고객들의 호기심을 자극하고, 오감을 즐겁게 하며, 공감, 헌신,

열정을 불러일으킨다는 것이다. 이성을 넘어선 고객의 충성도를 유지하는 제품들은 감성적 어필을 할 수 있는 능력이 있다. 단순 브랜드는 고객의 신뢰를 얻을 수는 있지만 사랑받지는 못한다. 따라서 조금이라도 신뢰가 무너질 수 있는 사건이 생기면 그 제품은 고객의 눈에서 철저히 소외되게 된다. 하지만 러브마크는 단순 브랜드와 달리 고객을 사로잡는 매력을 지니고 있어서 그로인해 커뮤니티가 형성되고 지원네트워크가 넓어져 선순환에 의해 지속가능성을 확보하는 것이다. 경력에 있어서도 이러한 매력도를 높이려는 노력은 아무리 강조해도 지나치지 않는다. 점점 1인 기업가 및 프리랜서 형태의 직업이 늘어나는 상황에서 브랜드 가치는 훨씬 더 주목받게 될 것이다. 과연 내가 하는 일의 가치와 매력을 높이는 것은 무엇일까? 그것을 한 단어 또는 한 문장으로 표현한다면 무엇이 될 것인가? 이러한 질문들은 미래에도 그 중요성을 더해갈 것이다. 브랜드와 내 경력이 시장에서 인지되는 표현적 가치라고 한다면 더 근본적인 부분에서는 그러한 표현적 가치를 지탱하는 내용적 가치가 있다. 속 내용과 표현이 서로 불일치하다면 시장에 혼선을 주어 쉽게 잊혀지고 사회적 공헌도가 훼손되어 자기만족에 불과한 상태가 될 것이다. 따라서 브랜드 못지않게 중요한 것은 경력마케팅의 실질적 내용이라고 할 수 있는 경력포지셔닝이다.

포지셔닝(positioning)은 간단히 말해 고객의 마음에 제품 또는 서비스의 특질을 바람직하게 위치시키는 것이다. 중요한 것은 포지셔닝 활동이 외적인 시장의 공간을 자리잡는다는 뜻이 아니라 바로 고객의 마음에 제대로 위치시키는 활동이라는 것이다. 따라서 포지셔닝은 나의 제품 또는 서비스가 고객에게 어떻게 지각되고 있는가 하는 것이 가장 중요하다. 이러한 측면에서 경력포지셔닝은 내 경력의 시장가치가 고객들의 마음속에 어떻게 인지되고 있는지를 판단하고 보다 긍정적인 위치잡기를 위해 노력하는 커뮤니케이션 활동이라고 볼 수 있다. 보다 바람직한 포지션을 위해 경력개발자가 고려해야 할 사항은 다음의 세 가지이다.

1) 시장영역
2) 핵심역량
3) 고객가치

시장영역은 마케팅에서 강조하는 세분시장(market segment)과 표적시장(targeting)을 선정하는 것을 의미한다. 나의 경력자본에 대한 수요층이 어디에 있을 수 있는지를 판단하는 것이다. 즉, 경력자본이 시장에서 활용되었을 때, 즉각적이고도 유사한 반응이 나올 수 있는 세분화된 영역을 선정하는 작업이다. 시장영역에서 중요한 것은 역시 차별화요소와 미래지향성이라고 볼 수 있다. 차별화된 시장영역을 가질 수 있다는 것은 그만큼 내 경력자본이 독점적 요소를 지닐 수 있다는 것이고 이는 그만큼 진입장벽의 우위를 다질 수 있어서 대외적 경쟁력을 갖추고 있다는 반증이 된다. 여기서 알 수 있는 점은 나의 경력자본 축적과 시장영역의 선정 활동은 서로 밀접한 관련이 있는 상호작용이라는 점이다. 자본 축적 활동 따로, 시장 선정 활동 따로가 아니라 적절히 서로의 진전을 위해 상호작용하며 발전시켜야 한다. 예를 들어, 자신이 평생교육강사로서 힐링교육을 담당하는 경력자본을 꾸준히 축적해 왔다면 과연 시장에서 힐링을 가장 많이 요구하는 수요층이 어디에 있는지 지속적으로 파악하여 나의 경력자본을 더욱 더 늘려가려는 노력을 해야 할 것이다. 고령화 사회로 들어서면서 노년층의 힐링수요가 확대되어가고 있다고 가정한다면 시장수요에 맞게 노년에 특화된 힐링교육을 개발할 수 있고 더 나아가 그중에서도 여성 노년층에게 부각될 수 있는 힐링이슈를 차별적으로 제공할 수 있는 경력자본을 축적해 갈 수도 있을 것이다. 반대로 나의 경력자본이 영성 또는 다양한 종교적 지식기반에 입각한 힐링교육을 진행해 왔다면 다양한 종교가 전해주는 고통의 극복 내지는 죽음의 의미 발견 등을 매개로 하여 '죽음교육'과 같은 시장을 개척하고 내 경력자본에 맞추어 특수한 시장영역을 확대해 나갈 수도 있을 것이다. 이처럼 내 경력자본의 특장점에 맞추어 새로운 시장을 확대해나갈 수도 있고, 시장의 수요에 맞추어 나의 경력자본을 조정 관리해나갈 수도 있다. 시장영역의 선택과 경력자본의 축적은 긴밀한 상호작용이 전제되어야 한다.

차별화된 시장영역을 갖는 것만큼이나 미래지향성 또한 중요하다. 제품 및 서비스와 달리 경력의 문제는 단기적이 아닌 장기적인 성격을 가지고 있고 한순간 한순간의 경험이 모두 소중한 미래자산이 되는 특징을 가지고 있다. 따라서 시장영역 또한 단기간에 사라져버릴 시장이라기보다는 미래지향적인 발전과 그 잠재성이 내포된 시장을 선택하는 것이 중요하다. 내 경력과 관련하여 해당 시장영역이 미래지향적인지 아닌지를 아는 방법은 두 가지에 의존할 수밖에 없는데, 하나는 나의 그 분야에 대한 전문성을 높이는 것이고 다른 하나는 항상 시장을 판단할 때 미래지향성이라는 판단준거를 가지고 각종 자료와 데이터들을 수집하여 분석해보는 습관을 갖는 것이다. 나의 경력자본이 차곡차곡 쌓일수록 전문성이 높아지고 그 시장영역에 대한 속과 겉을 알아가게 되는데 이러한 지혜가 그 영역의 미래가치를 판단할 수 있게 하는 좋은 준거가 된다. 또한 미래지향성이라는 관점에서 시장을 조사하고 검토하는 습관을 들이게 되면 시장의 미래가치에 대한 민감도가 높아지고 이러한 활동이 반복될수록 통찰의 수준이 높아지게 된다. 이러한 통찰에 따라 자신을 믿고 시장에 뛰어드는 모험이 필요하다.

시장영역의 선택과 함께 경력포지셔닝의 두 번째 요소는 핵심역량(core competence)이다. 핵심역량은 나만이 해낼 수 있는 고유하고 독특한 능력으로 정의할 수 있는데 한 마디로 '차별화된 자기가치'라고 볼 수 있다. 자동차회사를 예로 들자면 볼보자동차의 안전성, 혼다자동차의 강력한 소형 엔진 등이 이러한 핵심역량이라고 볼 수 있다. 과연 시장의 경력 수요자(기업대표, 인사담당자, 고객 등)들은 나의 핵심역량을 무엇으로 보고 있는가? 이에 대한 대답은 간결하고도 구체적이어야 한다. 과연 기억될 수 있는 핵심적 요소를 갖추고 있는가? 경력마케팅에서 핵심역량이 중요한 이유는 경력경로의 여러 다양한 활동을 진행한다고 하더라도 일관성과 방향성을 유지해주며 시장영역 안에서 그 역량을 통해 인지된 존재감을 부각시킬 수 있다는 점이다. 혼다자동차를 예로 들어 알아보자. 일찌감치 혼다기업은 소형엔진이라는 핵심역량에 집중하여 자동차뿐 아니라 오토바이, 보트, 선박, 비행기 등 다양한 운송수단들을 제작해왔다. 이로 인해 혼다기업 브랜드의 신뢰성 있는 강력한 엔진에 대한 믿음은 고객들에게 안정적으로 각인되어 왔으며 혼다기업 엔진의 신뢰성만큼은 타사의 경쟁력을 멀찌감치 따돌릴 수 있는 시장가치를 축적해온 것이다. 이처럼 경력마케팅 측면에서 핵심역량이 주는 시사점은 자기가치의 명료함(clarity)을 분명히 할 필요가 있다는 것이다. 경력개발자는 여러 경력경로를 통해 자신의 경력자본을 양적 질적으로 많이 축적해 왔을 수 있다. 이는 좋은 것이며 앞으로도 지속해야 할 과제이다. 하지만 경력마케팅을 위해서는 이러한 경력자본들을 어떻게 단순 명료하게 설명할 수 있고 중핵적 자기가치를 중심으로 시장이 원하는 결과를 산출할 수 있는 능력이 있는가 하는 점이 강조될 필요가 있다. 양적으로 풍부한 경력자본만이 중요한 것이 아니라 이렇게 축적된 경력자본들을 꿰뚫는 핵심가치 또는 차별화된 특질을 명료하게 드러내는 것 또한 중요하다는 점이다. 연구영역에서도 이러한 전략의 차이가 커다란 명성의 차이를 가져온 예가 있다. 교육공학 영역에서 미국 모 대학의 M교수는 그야말로 교육공학 연구의 산증인이라고 할 만큼 교육공학의 발전에 긴 시간을 함께했고 학회의 업무 등 학문 커뮤니티의 중심에 있는 노교수였다. 하지만 그의 단점 중의 하나는 그의 연구 분야가 교육공학 전반에 모두 걸쳐있어서 이렇다 할 그만의 이론이나 연구모델이 부재하다는 점이었다. 반대로 미국 플로리다 주립대학의 Keller교수는 M교수와도 교육공학의 발전을 같이 도모하고 이끌어 왔으면서도, 수업설계에 있어서 '동기이론'에 집중하여 지금까지도 많은 이들이 학습하고 있는 ARCS 모델을 창시하였다. 그는 은퇴 후에도 자신의 명성을 이어나가고 있다. 하지만 M교수는 그저 부교수로서 정년퇴임을 한 상태로 현직에서의 무수한 기여에도 불구하고 단지 교육공학의 역사를 가장 잘 아는 학자로서만 기억되고 있다. 집중하여 자신의 핵심역량을 무엇으로 하는가 하는 것은 명성의 차이를 가져오고 결국은 경력의 성공과 실패를 좌우할 수도 있는 요소가 될 수 있다.

경력포지셔닝의 마지막 요소는 고객가치이다. 시장영역, 핵심역량이 각각 시장가치, 자기가치를 대변한다면 고객가치는 그야말로 고객에게 나의 경력이 얼마나 직접적인 부가가치를 제공할 수 있는가 하는 점이다. 이는 나의 경력자본이 고객의 문제를 생산적으로 해결해줄 수 있는 효과성을 지니고 있는가의 문제이다. 고객가치가 고려되어야 포지셔닝에 있어서 구체성과 실천성을 담보할 수 있게 된다. 나의 전문성이 고객의 마음에 어떻게 인식되고 있고 또한 어떤 문제를 실제로 해결해줄 수 있는지를 분명히 해야만 고객수요를 창출할 수 있고 이러한 분명함이 없다면 곧바로 실업상태가 되는 것이다. 경력포지셔닝의 세 가지 요소 즉, 시장영역, 핵심역량, 고객가치의 본질적인 특질은 또한 차별성, 명료성, 효과성이 포함되어야 그 가치가 드러난다고 볼 수 있다. 차별화된 시장가치, 명료한 자기가치, 효과적인 고객가치를 전달할 수 있어야만 제대로 된 경력포지셔닝에 성공했다고 볼 수 있다. 자신의 브랜딩과 포지셔닝을 설계하는 데에 성공했다면 경력마케팅을 위해 경주해야 할 다음 단계는 바로 경력네트워킹이다.

경력네트워킹은 앞에서 언급되었던 경력브랜딩이나 경력포지셔닝이 제대로 설계되지 않은 상태에서는 쉽게 구축되기가 어렵다. 연결망을 구축한다는 것은 연결망 내의 멤버십을 분명히 하고 그 망의 테두리(boundary)를 넓혀가는 작업이므로 색깔이 드러나지 않는 한 그 네트워킹 내에서의 존재감을 담보해나갈 수가 없다. 내 경력의 특징이 관련자들에게 인식될 수 있어야 네트워크에 잘 걸리고 더 확대될 수 있는 발판을 마련할 수가 있다. 이처럼 경력네트워킹이 중요한 이유는 창의성과도 연관이 깊다. 창의성의 본질이 관련 없는 요소들의 의도되지 않았던 또는 의도된 연결에 의한 새로운 요소의 탄생을 의미하므로 '연결'이라는 핵심요소는 경력의 기하급수적인 성장에 있어서 필수적이라고 볼 수 있다. 하지만 양적인 확대만 하고자 하는 경력네트워킹이 꼭 바람직한 것만은 아니다. 자신을 소진시키거나 기회비용을 치러야 하는 네트워킹도 있을 수 있다. 포지셔닝에서 강조한 시장가치, 자기가치, 고객가치를 증대할 수 있는 네트워킹인지 간헐적으로 판단해 보아야 한다. 물론 이러한 분석과 계획 중심의 합리적 사고가 네트워킹이라는 삶의 사태에서는 그렇게 환영받을 수 있는 사고모델이 될 수는 없다. Krumbolts가 강조했듯이 경력의 경로에는 여러 '계획된 우연'에 의해 새로운 길을 쫓고 신선한 탄력을 받아 의도되지 않았던 영역에서 마음껏 만개하는 성공을 성취할 수도 있다. 따라서 경력마케팅의 관점에서 네트워킹은 필수적 네트워킹, 기회적 네트워킹, 시장적 네트워킹 등으로 구분하여 적절한 시도를 하는 것이 효과적이다. 필수적 네트워킹은 말그대로 내 경력자본의 축적과 경력마케팅의 확산을 위해 꼭 필요한 사람들과의 만남을 의미한다. 기회적 네트워킹은 필수적 네트워킹 이외에 내 경력에 새로운 기회를 줄만한 관심분야의 네트워킹으로 볼 수 있으며 필수적 네트워킹이 꼭 주력해야 할 우선순위라면 기회적 네트워킹은 그때그때 상황과 자신의 동기에 따라 자의적으로 확산해나가는 영역이라고 볼 수 있다. 시장적 네트워킹은 온라인 커뮤니케이션과 SNS가 발전해감에 따라 자신의 블로그 또는 카페의 참여자, 페이스북에서 잘 알지 못하는 친구들 등 내 전문성 활동에 고객 또는 잠재적 고객이 될 수 있는 사람들과의 유연한 관계를 이루어 나가는 것을 의미한다. 경력네트워킹에서도 느슨하게 연결된 네트워킹(loosely coupled networking)이 중요한데 신선한 정보의 흐름과 예기치 않은 기회의 발견 또는 문제해결의 단초들이 이 네트워킹 안에서 이루어질 수 있기 때문이다.

창무(創務), 창직(創職), 창업(創業) 활동

창무(創務), 창직(創職), 창업(創業) 활동은 전통적인 경력 촉진 전략을 벗어나 비로소 본격적인 창력(創歷)의 세계로 진입하는 것으로 과거의 없던 경력패턴을 새롭게 만들어내는 것을 의미한다. 자신과 세계에 대한 가치와 책임이 뿌리가 되고 경력자본이 기둥이 되며 경력마케팅이 열매가 되어 풍성하게 만든다. 이러한 나무의 이미지는 경력활동을 이해하는 데에 도움을 주며 창무, 창직, 창업 활동은 이러한 나무가 침엽수, 활엽수, 열대수 등 다양한 종류의 나무들이 있다는 것을 보여주는 활동이다. 중요한 것은 나무와 환경의 상호작용이다. 시베리아 환경에서 열대수를 심거나 적도 근처의 아프리카에서 침엽수만을 재배하고자 한다면 그 결실을 얻어낼 수 없을 것이다. 지금의 시대가 바로 그러한 패러다임의 전환을 요구하고 있다. 환경과 기후가 급변하고 있는 데 이전에 심었던 종류의 나무들만을 계속해서 일군다면 머지않아 그 묘목들은 자라지 못하고 금방 고사할 것이다. 경력의 세계도 마찬가지이다. 평생직장의 조직울타리를 상정하고 세워진 과거의 모든 경력이론과 모델들은 이제 폐기되어야 한다.

독특한 자신만의 경력경로로서 승부하며 세상에 없던 새로운 직업을 창조하는 도전적 인재들을 위한 경력개발이 필요하다. 지금의 환경에서는 창무, 창직, 창업 활동으로 무장한 새로운 묘목들이 심어져야 하는 것이다.

내용전략을 서술하기 전에 각 전략에서의 강조점에 따라 비중이 달라질 핵심 세 가지 요소인 경력자본, 경력마케팅, 창무, 창직, 창업 활동에 대해 알아보았다. 다음은 직접 내용전략으로 들어가서 각 전략들이 이 세 가지 요소들을 구체적으로 어떻게 활용하는지를 살펴보고자 한다.

<u>5.2.1. 숙련전략</u>

숙련전략은 단순노동자의 경력성공 전략으로써, 경력마케팅, 창무, 창직, 창업 활동보다는 경력자본의 축적에만 중점을 두는 전략이라고 볼 수 있다. 도전의 요구도 적고 적응의 필요성도 낮기 때문에 굳이 마케팅활동을 통해서 자신을 차별화하려는 노력보다는 기존의 유지되고 있는 생산성을 조금 더 높이려는 노력에 투자하는 것이 더 효과적이다. 숙련(mastery)과 관련하여 학문적으로 종합된 결과는 다음의 네 가지로 요약될 수 있다. 첫째는 의도된 집중(intentional focus),

둘째는 한계를 벗어난 도전(challenge excess skill), 셋째는 즉각적인 피드백(immediate feedback), 넷째는 자동화 노력(repetition to automaticity)이다. 의도된 집중과 한계를 벗어난 도전은 인적자원개발 분야에서 흔히 거론되는 의식적인 실천(deliberate practice)을 풀어서 얘기한 것과 같다. 의식적 실천을 주장한 Anders Ericsson은 탁월한 성과를 보인 사람들에게 관심을 갖고 그 원인을 조사해왔다. 그 원인을 의식적 실천으로 정의한 것인데 그가 설명한 예를 한 가지 들어보자. A와 B라는 바이올리니스트가 있는 데 이들은 모두 하루에 14시간씩 매일 장시간의 연습을 하고 있다. 그럼에도 불구하고 이들의 실제 연주 실력에는 큰 차이를 보였는데 A가 B보다 월등한 실력을 보여준 것이다. 연습량이 같은데도 왜 이러한 차이가 났을까? 이유를 파악하기 위해 Ericsson은 그들의 연습활동을 자세히 관찰하였다. 비밀은 A가 연습하는 방법에서 발견되었는데 A의 경우에는 14시간을 연습한다고 하더라도 연습의 대부분을 지금까지 자신이 잘 하지 못했던 부분에 집중하고 그것을 뛰어넘으려고 반복하여 연습한다는 것이다. 이는 스트레칭(stretching)이라고 불리는데 자신의 스킬의 한계 부분에 지속적으로 도전하여 그 한계선을 점점 더 어려운 단계로 높여나가는 것이다. 의도적으로 한계상황의 스킬을 끈기 있게 연습하여 더 높은 수준의 스킬로 마스터해나간다는 뜻이다. 반대로 B의 경우는 그러한 의도된 집중이나 스트레칭 없이 14시간의 양적인 시간만을 채우고 연습을 끝냈다는 것이다. 물론 14시간이 적은 시간이 아니기에 절대 그 노력이 미약했다고는 할 수 없지만, B는 자신이 어느 부분을 잘하고 어느 부분을 놓치고 있는지와는 상관없이 좋아하는 곡만을 연습했던 것이다. 이러한 예는 실생활에 자주 쓰이는 은유적인 표현에도 적용될 수 있는데 칼로 무를 자른다고 했을 때도 매우 뭉뚝한 칼로 무를 자를 때는 비록 잘 잘리는 무라고 하더라도 겉에 상처만 남길 것이다. 하지만 아주 예리한 칼로 무를 자르게 되면 한 번에 두 동강이 나버린다. 여기서 칼의 예리함이 바로 의도된 집중과 같다. 영어공부를 할 때도 하루 12시간 영어방송을 틀어놓는다고 하더라도 틀어놓기만 하고 다른 활동을 하고 있다면 그것은 영어스킬을 증진하는 데에 전혀 도움이 되지 않는다. 내가 스피킹, 라이팅, 히어링 중에서 어느 부분이 약한지 어떻게 개선해야 하는지 알고 끊임없이 연습하면서 스트레칭해 나가는 의식적인 실천이 없는 한 영어실력 또한 제자리걸음일 것이다.

그리고 숙련을 위해서는 바로 즉시 피드백을 받는 것이 중요하다. 이는 의식적인 실천을 배가시키는 중요한 요소로써 나의 실력을 객관화하고 완벽을 위해 나아가는 효과적인 방법이다. 강조되어야 할 것은 피드백이 즉각적이어야 한다는 것이다. 대체로 내가 나의 실력을 판단하는 것과 타인, 주로 전문가가 나의 스킬을 판단하는 것에 차이가 큰 경우가 많다. 피드백은 이러한 간극을 줄여주고 즉시적인 피드백은 낭비를 줄여 스킬의 효과적인 개발에 큰 도움을 준다. 네 번째는 바로 자동화 노력이다. 숙련의 요체는 이 자동화에 있는데 숙련을 요구하는 스킬들은 대부분 복잡한 스킬들의 묶음으로 되어 있기 때문이다. 그러한 묶음들에서 몇 가지 단순한 스킬들이 반복을 통하여 자동화되면 그 이상의 복잡한 스킬을 수행하는 데에 훨씬 더 빠른 속도로 수행할 수 있는 숙련이 진행되는 것이다. 가장 쉬운 예는 처음 운전을 배울 때와 같다. 핸들잡기, 백미러보기, 기어 움직이기, 차선 확인하기 등 이 모든 것이 생소하여 하나하나 신경 써야 하지만 숙련된 운전자가 되면 이러한 것은 몸에 익어서 굳이 크게 의식하지 않아도 자연스럽게 운전을 시작하는 것과 같다. 그렇다면 이러한 운전실력의 자동화를 통해 가속운전, 폭우시의 운전, 도로상황이 좋지 않은 길에서의 운전 등 보다 어려운 운전도 손쉽게 해낼 수 있는 것이다. 숙련전략은 단순노동의 전략이라고 해서 절대 저차원으로 볼 개념이 아니다. 우리 모두가 이 단계를 거쳐야 하며 초기 전략으로서 가장 기초가 되기 때문에 다른 측면에서는 가장 중요한 전략이기도 하다.

5.2.2. 관리전략

관리전략은 기존의 경력사다리 모델에서 크게 차이나지는 않지만 약간의 차이점이 있다면 현재의 환경변화에 따라 조직의 틀 안에서 경력마케팅과 창무, 창직, 창업 활동을 넓혀나가는 전략이라는 점이다. 관리전략은 조직에서 인정받는 인재가 되는 것이 목표인 전략이다. 과거의 관리전략은 성과평가에서 우위를 점해 빨리 승진할 수 있는 인재가 되는 것이 특징이었다면 지금의 관리전략은 조직자체가 요구하는 역량이 수시로 변하고 있고 성과평가의 기준도 일관되지 않고 환경에 따라 다르기 때문에 이미 존재하고 있는 규칙에만 잘 적응한다고 해서 성공한 조직인이 되었다고 말하기 어렵게 되었다. 따라서 과거의 관리전략이 조직에 잘 반응하는 (reactive) 전략이었다면 현대의 관리전략은 오히려 선제적으로 (proactive) 조직의 룰을 만들고 리더십을 발휘하여 조직 내에서 자신의 위치를 공고히 해나가는 전략이라고 볼 수 있다. 수동적 적응이 아닌 적극적 적응을 실현하려는 전략이라고 말할 수 있다. 이러한 적극적 적응을 위해 반드시 통과해야 하는 과업은 사내정치(office politics)에 대한 대응과 갈등관리 (conflict resolution)이다. 어느 조직이나 그 조직의 성장과정에서는 합리적 의사결정만이 존중되어 순항하지는 않는다. 조직 내 권력관계에 따라 의사소통의 왜곡과 불필요한 갈등, 부당한 조치들이 비일비재하게 일어날 수 있다. 이것은 조직이 성장하기 위해서는 피할 수 없는 산통일 수 있으며, 이러한 갈등을 효과적으로 다루어 지속적 발전의 토대를 만들어 가는 것이 중요하다. 이에 경력개발자에게는 '문제해결력'을 키우는 것이 가장 중요하다고 볼 수 있는데, 갈등 자체가 문제일 수 있고 이를 원만히 해결하는 것이 중요한 적응전략이기 때문이다. 하지만 한 걸음 나아가서 관리전략을 취하는 경력개발자는 단순 문제해결력이 아닌 '협동적 문제해결력(collaborative problem solving)'을 키워야 한다.

협동적 문제해결을 위해서는 몇 가지 원칙이 준수되어야 한다. 첫 번째는 문제와 사람을 분리하는 것이다. 대부분 갈등상황에서는 갈등의 원인이 되었던 문제 자체보다도 문제를 논의하는 과정에서 불거진 인간관계의 악화가 더 큰 문제를 야기하는 경우가 많다. 실제 이슈에 집중하여 인간관계의 문제가 커지지 않도록 논의의 초점을 바로잡는 것이 중요하다. 두 번째는 상호 윈-윈을 위해 상상에 의한 소실이 아닌 실질적인 이득에 초점을 맞추는 것이다. 갈등이 해소되지 않는 원인 중의 하나는 자신의 지레짐작으로 상상에 의해 손실을 부풀리는 경우이다. 이러한 경우 근거도 없고 증명할 방법도 마땅하지 않아 접점을 찾기가 어렵다. 손실보다는 실제적인 이득이 어디에 있을 수 있는지를 끊임없이 설득하여 대화의 기반을 마련하는 것이 중요하다. 세 번째는 대안을 마련하고 그 대안에 대한 객관적인 평가기준을 사용하는 것이다. 서로에게 무엇이 공정한 것인지에 대한 합의가 도출될 수 있다면 대안을 마련하는 일은 그리 어렵지 않을 것이다. 그러기 위해서는 갈등상황을 벗어나 서로가 추구해야 할 목표를 일치해보려는 노력을 하는 것이 좋다. 처음부터 너무 큰 목적보다는 그 하부의 목적 또 그 하부목적의 다음 단계 하부의 목적 등 서로가 동의할 수 있는 수준의 세부목적을 세워보고 그 목적 자체가 지금 겪고 있는 갈등에 어떤 맥락을 제공하고 있는지에 대한 논의를 시작해보는 것이다. 이 하부의 목적이 서로에게 인식될 수 있다면 대안을 마련하고 이에 대한 서로에게 용인된 평가기준을 세우는 일은 한 걸음 더 나아가 갈등을 건설적으로 해결해나갈 수 있는 밑거름이 될 것이다.

협동적 문제해결력이 잘 활용된다면 관리전략의 토대는 이미 마련된 셈이다. 이를 바탕으로 조직 내에서 경력마케팅과 창무, 창직, 창업 활동을 적극적으로 해나가는 것이 관리전략의 핵심이다.

5.2.3. 차별화전략

차별화전략은 전문가 또는 프리랜서 등이 수용하는 전략으로 이 전략이야말로 경력마케팅의 스킬이 매우 필요한 전략이다. 자신이 가진 전문성에 더해서 어떻게 다른 전문가들보다 더 시장지향적인 가치를 훨씬 더 잘 전달할 수 있는지를 구안해내는 전략이다. 이를 위해서는 위에서도 언급되었던 자신의 포지션에 대한 명료함(clarity)이 분명히 드러날 필요가 있다. 차별화전략의 세 가지 핵심 사항은 1) 자기가치의 명료함, 2) 고객 중심, 3) 소통채널의 확대이다. 자기가치의 명료함을 드러내는 것의 중요성은 이미 경력마케팅에서 소개되었다. 여기서 명료함이 강조되는 이유는 명료함이 있어야 하부원칙들인 고객중심과 소통채널의 확대 등도 의미 있게 전개될 수 있기 때문이다. 미국 인디애나 주 출신의 Scott Mckain(2013)은 그의 책『create distinction』에서 2008년 미국 대선 당시 오바마가 어떻게 힐러리를 이기고 민주당 대선주자로 나설수 있었는지에 대한 사례를 설명하고 있다. 오바마는 당시 힐러리에 비하면 상당한 열세에 있었으면서도 결국은 막판에 전세를 역전시켰는데 그 비결은 바로 '명료함'에 있었다는 것이다. 당시 오바마의 선거 구호는 "hope and change"였는데 이 슬로건이 당시 서프라임 모기지 사태로 땅에 떨어진 미국

경제와 미국인들의 마음을 다시 들어올리는 중요한 핵심 메시지가 되었다는 것이다. 오바마는 이 슬로건을 이용하여 그의 모든 연설의 주제를 일관되게 끌어갔고 항상 연설의 마지막은 "Yes, we can!"으로 끝맺음을 하여 미국인들에게 강렬한 인상을 남겼다. 반면에 힐러리는 국방, 외교, 교육, 의료보건, 경제 등 많은 부분에 다양한 의견을 피력하여 자신이 대통령으로서의 자질이 충분하다는 것을 마음껏 뽐냈지만 선거인단에게는 뚜렷한 핵심 메시지가 없어서 오바마만큼의 매력 있는 지지를 이끌어내지 못했다. 오바마는 2012년에도 자신이 지난 4년간 이루었던 성취에 대한 자신감을 바탕으로 "one step further"라는 매우 간단한 캐치프레이즈를 효과적으로 활용하여 공화당의 롬니 후보를 따돌렸다.

이만큼 명료함이 주는 영향력은 매우 크다. 전문직에게 자기가치의 명료함과 선명성을 부각하려는 노력은 최우선의 일이며 이를 통해 고객과의 소통이 원활해질 수 있다.

차별화전략의 두 번째 핵심요소인 고객중심은 어찌보면 전략으로서 당연한 원칙이므로 굳이 강조하지 않아도 이해될 수 있을지 모른다. 하지만 차별화전략으로서의 고객중심은 '플러스 알파(+α)'의 요소가 가미될 필요가 있다는 점이 강조되어야 한다. 고객서비스에 집중하면 어느 부분이 개선되어야 할지 파악되고 타 전문가와는 다른 특색 있는 서비스를 마련할 수가 있다. 차별화된 고객서비스는 굳이 큰 조정이 필요한 거대한 투자를 생각할 필요는 없다. 그렇게 해서 고객에게 큰 이익을 주고 나의 이익도 더 커진다면 물론 좋겠지만 자원이 한정된 상태에서 항상 큰 투자만을 고려할 수는 없다. 대신에 작은 일상에서 고객과의 상호작용 속에서도 실천될 수 있는 작은 변화들을 지속적으로 개선해 나가는 것이 장기적으로 큰 도움이 될 수 있다.

　　세 번째는 소통채널의 확대로서 온라인 SNS를 적극 활용하는 것이다. 전문성을 기반으로 나의 경력성공을 성취하고자 한다면 지금 현재 보유하고 있는 고객뿐만 아니라 잠재적 고객을 확충하는 노력을 계속 해야 하는 것이다. 잠재적 고객과의 만남을 쉽게 접할 수 있는 장소는 바로 온라인 채널이며 이를 통해 내 전문지식의 신뢰성과 효과성, 생산성 등을 폭넓게 알릴 수 있다. 소통채널을 활용함에 있어서 전달되는 메시지의 강조점은 자기가치의 명료함이다. 유사 전문가들과 구분되는 나만의 독특한 전문성과 탁월성이 고객에게 겸손하게 전달될 필요가 있다. 차별화전략은 경력마케팅 활동이 가장 활발히 활용되는 전략이라고 볼 수 있다.

5.2.4. 창의전략

　　창의전략은 예술과 모험에 관련된 직업군이 취할 수 있는 전략으로서 끊임없는 도전적 정신으로 새로운 과제들을 형성하고 실현하는 전략이다. 창무, 창직, 창업 활동이 적극적으로 기대되며, 경력마케팅도 일관된 메시지의 전달보다는 새로운 것을 지속적으로 소개함으로써 시장의 주목을 받는 전략이라고 볼 수 있다. 창의전략이라고 해서 경력자본이 무시되는 것은 아니며 오히려 탄탄한 경력자본의 기반 위에서 창의적이고 다양한 시도가 가능하다. 창의전략은 다음 네 가지 전략을 취할 것이 기대되는데, 이는 1) 도전적 실험, 2) 끈기 있는 참여, 3) 역발상 질문, 4) 이질성의 연결이다. 창의전략의 첫 번째는 도전적 실험으로서 이는 도전적 과제의 설정에서 시작한다. 사람이 포부를 지닌다고 했을 때 그것은 자기만의 도전적 과제를 계획하는 것이며 특히 창의적인 사람들에게는 이 과제가 세상에 없던 새로운 시도인 경우가 많다. 이러한 과제를 잘 수행하기 위해서는 우선 높은 동기가 요구되지만 처음부터 빠른 완성을 생각하게 되면 큰 어려움에 봉착할 경우 쉽게 그 동기가 추락할 수가 있다. 아무리 도전적이라고 하더라도 작은 실험으로부터 시작해 단계적으로 출발해야 한다. 따라서 '도전적 실험'은 도전적 과제의 완성보다는 실천 가능한 수준으로 과제를 나누어 성공가능성을 높이는 전략이다. 작은 실험으로부터 시작해서 그 결과들을 모아 진전시키고 다시 조금 더 큰 실험으로 이동하여 그 도전의 수준을 높여가는 것이 중요하다. 도전적 실험의 가치는 바로 그 과정의 즐거움을 함께하면서 학습의 고도화를 이루어나가는 것이다. 예상치 못했던 결과를 이해하게 되고 의외의 발견 등으로 사고모델을 바꾸어 나가는 변화의 흐름을 즐겁게 받아들이는 것이다.

　　두 번째, '끈기 있는 참여'는 내 경력자본의 깊이에서 발견되는 새로움을 창조하고자 하는 전략이라고 볼 수 있다. 창의성이 고도의 정신능력인 이유는 먼저 전제조건으로 광범위한 지식기반이 갖추어져 있어야 하며, 그 다음으로 사고의 자립이 요구되기 때문이다. 넓고 깊은 지식 위에 독자적 사고능력이 있어야 창의적 사고가 나올 수 있는 것이다. 왜냐하면 창의성의 본질은 남들이 생각지 못했던 무관한 지식을 서로 연결하여 새롭고 유용한 지식을 생성하는 사고능력이기 때문이다. 풍부한 지식기반이 없다면 연결할 재료도 없으며 독자적 사고능력이 없다면 지식생성의 과정을 구축할 수가 없기 때문이다. '끈기 있는 참여'는 이러한 창의성 기반을 구축하는 효과적인 방법이다. 참여는 독립적인 나의 자발적 주도성이며, 끈기는 지식의 범위를 넓히는 데에 있어서 필수조건이다. 끈기 있는 참여는 마치 유전을 파는 정유탐사와 같은 은유를 들 수 있다. 깊이 있게 파고 들어가서 그 밑에 있는 황금과 같은 정유를 끌어올리는 의미 있는 작업이다.

세 번째는 '역발상 질문'으로 어떤 한 순간의 단순한 질문이 우리의 인생 전체를 바꾸어 놓을 정도로 파괴력이 있을 수 있다는 것이다. 스타벅스(Starbucks)의 창업주인 Howard Schults도 이러한 경우에 해당한다. 스타벅스의 마케팅 직원이었던 Schults는 커피원두를 조사하기 위해 1980년대 초 이태리 밀라노를 방문했었다. 그곳에서 그가 보았던 것은 바로 다양한 형태를 가진 에스프레소 커피와 거리마다 열려있는 만남의 장소로서의 커피숍이었다. 커피숍 자체가 이태리문화의 표현이고 상징이었던 것이다. 에스프레소의 매력에 이끌려 그가 생각했던 것은 이러한 이태리식 커피숍을 미국에 이식을 해보면 어떨까? 하는 것이었다. 이러한 단순한 질문 이후의 역사는 여러분들이 모두 다 아는 스타벅스의 역사이다. 이후의 대부분의 커피숍은 아메리카노, 카페모카, 카푸치노, 카페라떼 등 스타벅스의 모델에 따라 모두 변화되었다. 게다가 커피숍은 커피만 마시는 곳이 아니라 만남의 분위기를 흠뻑 느끼는 문화의 장소로 변모했다. 그런데 여기서 중요한 것은 이태리 밀라노를 방문하여 커피숍을 경험한 미국인들이 많았을 텐데 왜 Howard Schults만이 이러한 거대한 변화를 이루어냈을까? 하는 점이다. 아니 꼭 미국인만이 아니라 세계 각국의 사람들이 관광객으로서든 해외출장을 통해서든 이태리 커피숍을 많이 방문하였을 것임에도 불구하고 오로지 커피숍의 변화를 이끈 사람은 Howard Schults라는 것이다. 그것에 대한 분명한 대답은 바로 질문의 힘이 아닐까 한다. Schults는 에스프레소식 커피를 미국에 이식해보는 것에 관한 큰 질문을 품었고 이를 실행하기 위해 끊임없는 도전적 실험을 했던 것이다. 결국 자신이 다니고 있던 직장인 스타벅스 본점을 자신의 돈으로 사들이고 세계 커피산업의 대혁신을 이루어내었다.

네 번째는 이질성의 연결이다. 창의성의 핵심은 연결에 있다고 해도 전혀 과장이 아니다. 예상치 못했던 요소 간의 연결을 통해 새로운 개념이 탄생하고 세상을 혁신적으로 바꿔놓기도 한 예가 무수히 많다. 의도적으로 전혀 관련이 없는 것을 연결해서 새로운 생각을 이끌어내는 연습을 해보는 것은 창의성 훈련에서도 많이 활용되는 방법이다. IBM의 연구원이었던 Srinivasan은 엑시머 레이저가 아주 정교한 절단기능이 있다는 것을 발견하고 추수감사절에 칠면조를 자르는 데에 우연히 그것을 사용하게 되었다. 항상 무생물과 첨단과학실험에만 사용되던 엑시머 레이저가 최초로 생물에 적용되는 순간이었다. 결과는 완벽한 성공이었고 그 이후 이

레이저는 주목받을 수밖에 없었다. 왜냐하면 근시치료를 위한 라식수술의 출발이 바로 여기서 비롯되었기 때문이다. IBM의 연구원이 생물체와 레이저를 연결해보는 생각을 하지 않았더라면 지금까지 진행되어온 그 수많은 라식수술은 존재하지 못했을 것이다.

5.2.5. 융합전략

융합전략은 가장 고도화된 전략의 집합체로서 지금의 4차 산업혁명 시대에 가장 요구되는 전략이라고 볼 수 있다. 이는 지금까지 소개된 숙련, 관리, 차별화, 창의전략을 모두 융합하여 상황에 맞게 적절히 전략들을 구사하는 고난도의 경력성공 전략이다. 창력의 정점에 있다고 볼 수 있다. 융합전략을 세분화하면 1) 결합전략, 2) 플랫폼전략, 3) 패러독스전략 등이다.

결합전략은 우리가 상식적으로 생각해왔던 경계를 허무는 전략이다. 먼저, 로컬(local)과 글로벌(global)을 생각해보자. 지역화와 세계화는 서로 상반된 개념으로 인식되기 쉽지만 "가장 한국적인 것이 세계적인 것이다"라는 표어가 여기에 적합한 이해이다. 복잡성 이론(complexity theory)에서 강조하는 나비효과(butterfly effect)와 같이 로컬의 조그마한 혁신이 세계적인 변화를 이루어낸 것들이 많다. 페이스북도 처음에는 하버드대학 내에서 학생 개개인의 선호와 의견을 조사하는 사이트를 만드는 것에서 시작하여 지금은 전 세계적인 SNS 도구가 된 것과 같은 것이다. 우리 경력에서도 일단은 로컬에 집중하여 작은 혁신들을 일구어간다면 그 안에 세계적인 요소가 있고 이를 결합하여 더 넓은 세계로 향해 나아가는 전략을 취하는 것이 중요하다. 로컬과 글로벌 뿐만 아니라 공공(public)과 사영역(private)의 경계도 마찬가지이다. 시간이 지날수록 공공과 사영역의 경계는 무너질 것이며 사회적 기업, 사회적 책임을 우선순위에 두는 사기업 등이 확산될 것이다. 이는 당위적으로 요청되기 때문이기도 하지만 그러한 전략이 사기업의 성장과 발전에 효과적인 수단이 되기도 하기 때문이다. 또 하나의 예는 온라인과 오프라인의 결합이다. 이러한 전략은 요즘 아마존이 온라인 판매에만 집중하지 않고 로컬 영역에서 아마존만의 오프라인 서점을 여는 것과 같다. 온라인의 영업력을 바탕으로 보다 차별화된 서비스를 제공할 수 있는 우위에 서는 것과 같다.

플랫폼전략은 현재 진행되고 있는 IT 혁신 및 유통과 관련이 깊다. Klaus Schuwab은 그의 저서 『제4차 산업혁명』에서 "우버는 소유하고 있는 자동차가 없고, 페이스북은 콘텐츠를 생산하지 않는다. 알리바바는 물품 목록이 없으며, 에

어비앤비는 소유한 부동산이 없다."(p. 44)라고 얘기하고 있다. 이는 플랫폼 경제의 확산을 증거하고 있는 말로써 유통의 중심 또는 네트워크의 핵심위치를 점유하는 것이 얼마나 중요한 지를 상징적으로 표현해주고 있다. 경력에 있어서도 경력창의성의 정점인 융합전략은 플랫폼을 지향하고 자신의 전문성 분야에서 자신을 통해 지식, 사람, 정보 등이 효과적으로 유통될 수 있도록 시장 내에서의 역할을 확보해나가야 한다.

　　패러독스전략은 위의 결합전략과 같이 이질적인 것을 동시에 해낼 수 있는 능력의 함양이라고 볼 수 있다. 미국의 경영컨설턴트 Jim Collins는 그의 유명한 『좋은 기업을 넘어 위대한 기업으로』라는 책에서 첫 장부터 리더십의 중요성을 강조하고 있다. 그가 말한 리더십은 레벨5 리더십으로서 다섯 번째 단계 리더십 수준에 있는 사람은 '전문적인 의지'와 '인간적인 겸손'을 동시에 지녀야 한다고 강조한다. 얼핏 보기에 강한 의지와 겸양의 두 가지는 서로 상반된 이미지처럼 보이지만 위대함을 성취하는 리더들은 오히려 이러한 상반된 이미지를 상황에 맞게 적절히 보여준다는 것이다. 경력에 있어서도 카리스마틱한 하나의 이미지만을 고집하여 성공을 추구할 수는 없다. 오히려 카리스마가 있으면서도 겸손하고 상황에 유연한 태도를 보일 수 있는 자질이 있어야 이러한 복잡다기한 환경을 헤쳐나갈 수 있을 것이다. 패러독스가 나쁜 것이 아니라 오히려 우리의 자질이 이러한 두 극단을 뛰어넘을 수 있을 정도의 성숙성을 갖추기 위해 노력하는 경력개발자가 되어야 하는 것이다.

지금까지 해당 직업군 내에서 경력창의성을 발휘하기 위한 내용전략들을 살펴보았는데 이 전략들은 경력경로상의 위험과 보상의 측면에서 각 직업군이 어떻게 고도화할 수 있는가에 대한 해답을 전해준다. 위험관리와 경력성공의 관계는 개인이 그 경력영역 안에서 자신의 고유한 전문성을 얼마나 잘 개발하였는가 하는 점으로 판단될 수 있다. 자신의 전문성이 매우 높은 수준이라면 그 직업군 안에서 위험을 효과적으로 다룰 수 있을 것이며, 낮은 수준이라면 그만큼 많은 위험에 노출되고 그로 인해 실패의 가능성을 높일 수도 있을 것이다. 내용전략이 성공적으로 실천된다면 이렇게 각 직업군별로 전문성의 수준을 높여 위험을 잘 관리할 수 있게도 하지만 더 나아가 경력을 통해 개인 가치의 의미 있는 실현을 이루도록 도와줄 수도 있다. 전문성 고도화를 위한 가치실천을 넘어서 개인과 사회의 의미 있는 가치실현의 단계로 가기 위해서는 구분준거를 단지 도전과 적응의 매트릭스로 구조화하기보다는 3차원적으로 '공헌'이라는 또 하나의 변수를 고려하여 구

분해보는 것이 필요하다. 왜냐하면 개인이 경력을 통해 얻고
자 하는 것이 전문성과 생산성의 의미만 있는 것이 아니라 사
회적으로 가치 있는 영향력을 전달하여 개인의 가치를 실현
하고자 하는 본질적인 의미도 내포하고 있기 때문이다. 경력
창의성의 내용전략이 성공적으로 구현된다면 각 직업군별로
전문성과 생산성의 고도화뿐만 아니라 개인의 사회적 영향력
을 극대화시킬 수 있는 좋은 전략이 될 수 있다고 본다. [그
림 5-6]은 단지 위험관리의 매트릭스를 넘어 개인의 가치실
현을 위한 직업군의 3차원적인 구분기준을 제시하고 있다.

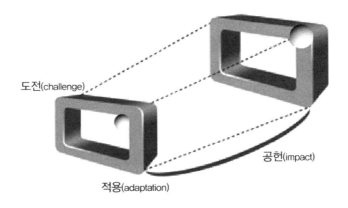

[그림 5-6] 직업군의 3차원 구분기준

　　[그림 5-6]의 기준에 따라서 각 직업군별 내용전략
이 '공헌'의 측면에서도 성공적으로 실천되었을 때 각 직업군
의 가치가 실현된 모습이 [그림 5-7]에 제시되어 있다.

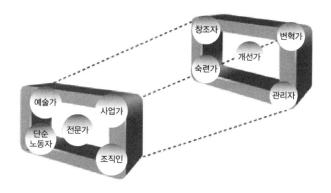

[그림 5-7] 직업군의 가치가 실현된 모습

　　[그림 5-7]에서 보듯이 단순노동자는 숙련전략을 통해 숙련가로서 성장하고 조직인은 관리전략을 통해 관리자로, 전문가는 차별화전략을 통해 개선가로, 예술가는 창의전략을 통해 창조자로, 사업가는 융합전략을 통해 변혁가로 성장해가는 것이다. 경력창의성의 내용전략은 이렇듯 각 직업군의 생산성 증진만이 아니라 사회적 가치창조를 위한 공헌의 측면이 실현될 수 있도록 지원한다. 공헌의 측면을 조금 더 깊이 있게 들여다본다면 단순노동자는 숙련전략을 취함으로써 자신의 기술과 능력에 대해 사회에 신뢰를 줄 수 있는 숙련가가 될 수 있다. 노동자로서 단순히 주어진 지시에 따른 반복적 업무를 영혼 없이 시간 때우기로 처리하는 것이 아니라 업무의 효율성을 부가하여 보다 가치 있는 업무를 포함할 수 있는 기회를 창조하는 것이다.

조직인은 관리전략을 취하여 중간에 퇴직하지 않고 조직에 오래 생존하면서 조직에 더 많은 책임을 질 수 있는 자리에 앉을 수 있게 된다. 조직인과 관리자의 차이는 조직인이 지도성 없이 조직에서의 생존에 최고의 가치를 둔다면, 관리자는 조직이 요구하는 책임을 기꺼이 받아들이고 조직의 발전을 위해 필요한 일을 솔선수범하여 이끌어간다는 데에 있다. 이는 공헌의 측면에서 조직 내 활동에 대한 부가가치 창출 활동으로서 조직인은 관리전략을 통해 개인적·사회적 영향력을 확대해 나갈 수 있다.

전문가는 차별화전략을 사용하여 자신의 전문적 위치를 고양시킬 수 있으며 이렇게 차별화된 전문성은 그 전문성을 적용하는 분야의 개선을 가져온다. 전문성은 문제를 해결하기 위해 활용되며 차별화된 전문성이란 그 누구보다도 그 문제를 효율적이고 효과적으로 해결할 수 있는 강점을 지녔다는 뜻이다. 이는 그 분야의 빠른 개선을 유도하고 이를 통해 사회의 생산성은 더욱 높아지게 된다. 전문가와 개선가의 차이점은 전문가가 자신의 지식과 기술에 집착하여 문제해결에 접근한다면 개선가는 문제해결능력의 탁월성뿐만 아니라 문제상황 개선에 집중하여 자신의 지식과 기술이 반영되지 않은 해결책에도 폭넓은 흡수력을 지니고 있다는 점이다. 차별화전략은 전문가의 지식과 기술의 고도화에도 기여하지만 그 전문적 지식의 위치를 객관적으로 파악할 수 있도록 하여 전문가의 무능을 방지하고 시장 내에서 올바른 포지셔닝이 가능하도록 이끈다.

예술가는 창의전략을 통해 창조자가 될 수 있다. 창의전략은 새로운 것을 발견하거나 만드는 것만을 의미하는 것이 아니라 기존의 것이라도 새로운 가치를 부여하여 생각하지 못했던 방향성을 제시하는 것도 포함한다. 남들이 보지 못하는 새로운 가치를 발견하는 능력이 바로 창의전략을 통해 기르고자 하는 스킬이다. 예술가와 창조자의 차이는 예술가가 아름다움을 다루는 직업을 가진 사람들을 의미하는 반면 창조자는 아름다움만이 아니라 세상에 유용한 그 어떤 것을 만들어내는 사람을 의미한다고 볼 수 있다.

사업가는 융합전략을 통해 변혁가가 될 수 있다. 융합전략은 창의전략과 비슷하지만 새로운 아이디어에만 집중하는 것이 아니라 서로 연관성이 없을 것 같은 2개 이상의 요소를 합하여 예상치 못한 새로운 지평을 열어나가는 것이다. 이는 대단한 실천력을 요하는 것으로 변화에 대한 강한 열망이 수반되지 않고서는 성공될 수 없다. 이는 변혁가가 위험관리와 공헌의 측면에서 가장 상위에 위치하는 이유이다. [그림 5-8]은 지금까지의 경력창의성 내용전략을 도식한 것으로 융합전략이 나머지 전략들의 총합이라는 것을 보여주고 있다.

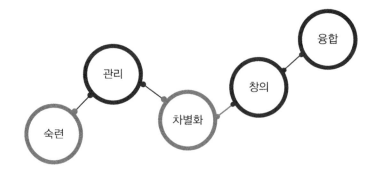

[그림 5-8] 경력창의성 내용전략

    사실 내용전략의 요소들은 그 이전 단계의 전략들에서 강조되는 스킬들이 구체화되지 않고서는 그 다음 단계의 전략을 실천할 수가 없다. 또 하나 강조하고 싶은 점은 내용전략이 각 직업군에서 활용될 수 있는 일대일 맞춤전략이기는 하지만 우리의 직업과 경력의 성격은 대부분 5가지 내용전략 모두를 포함하고 있고 특색 있게 어느 한두 가지를 그 상황에 따라 더 많이 집중하여 활용하는 것이 더 효과적이라는 점이다.

chapter 06

맺음말

◆

　　지금의 시대는 경력관리가 아닌 경력창의성을 요구하고 있다. 그만큼 경력환경에서 예상치 못했던 충격파들이 돌발적으로 자주 일어나고 있다는 뜻이기도 하다. 우리가 이에 대처하기 위해서는 창의성으로 무장하고 수동적으로 이끌리는 것이 아니라 적극적이고 긍정적으로 선제적 대응을 할 필요가 있다. 이에 가장 중요한 자질이 창의성이라고 생각한다. 창의성의 아름다운 모습을 일상에서 볼 수 있는 것은 재즈연주를 들을 때이다. 재즈의 가장 큰 백미는 그것이 즉흥적이고 아무도 기존의 악보를 가지고 있지 않다는 것이다. 그럼에도 불구하고 참여한 재즈음악가들은 그 순간 매우 황홀하고 화음이 조화된 훌륭한 음악을 창조해낸다. 그 재즈음악은 그 순간에서만 들을 수 있고 유일무이한 음악으로 지나가 버리는 것이다. 가장 조화로운 창의적 표현이 실현되는 순간이다.

　　우리의 경력도 환경의 변화와 흐름을 타고 거기에 맞게 재즈음악을 연주해나가야 한다. 앞서 경력창의성에 대한 서술이 디자인, 방법, 전략 등의 용어들이 너무 많이 나와 있어서 합리적 분석모형으로 오해할 소지도 있다. 하지만 저자들의 생각은 선험적 계획, 디자인 등이 경력관리에 도움이 될 수 있을지 모르지만 그것이 현재와 미래의 경력개발을 위해서는 전부를 설명할 수는 없는 방안들이라고 본다. 왜냐하면 경력개발은 본질적으로 실패로부터 배우고, 내적 커리어를 발전시키고, 끊임없는 학습과 경력의 재구조화가 필요한 영역이기 때문이다. 우리는 항상 일이 일어난 이후에 깨닫고 고쳐야 한다는 내적동기를 얻게 된다. 그렇기 때문에 경력개발은 인간의 불굴의 성장과정이며 내적성찰과 재구성이 끊임없이 요구된다. 경력창의성은 이런 경력개발 과정에서 적용될 수 있는 다양한 팁들을 제공하기 위해 기획되었다. 결론적으로 다음의 사항을 요약·정리하면서 강조하고자 한다.

첫 번째, 경력창의성의 발현을 위해 가치-숙련-확산의 순서로 나의 경력을 조망해보는 습관을 들이기를 권한다. 가치는 나만의 독특한 인식과 문화이고 경력에 있어서도 나의 가치관과 삶에 대한 태도가 중요하다. 남의 삶이 아니라 나의 삶을 소중히 하고 내적가치와 외적가치를 균형 있게 고려하는 태도를 갖추기 바란다. 숙련은 필수코스로서 내가 어느 영역에서 수준 있는 전문성을 가질 수 있는지 부단히 노력해가는 것이 중요하다는 것이다. 창의성의 기반은 무조건 깊고 넓은 지식이다. 이것이 없다면 그 어느 것도 논의할 가치가 없다. 그 다음은 확산으로서 나와 가는 길이 같은 사람과의 동행, 경력공동체를 만들고 서로 나누며 성장을 도모하는 일을 하는 것은 값진 일이라는 것이다.

두 번째, 직업의 선택에서 경력자본의 축적이라는 관점으로의 전환을 촉구한다. 이제 계속 이직하는 직업의 세계는 나의 경력자본 축적을 위한 학습의 장일 뿐이다. 초점은 나의 학습이 얼마나 더 나를 확대하고 나의 가치를 얼마나 더 상승시킬 수 있는 계기를 만들어주었느냐 하는 것이다. 나의 경력자본이 눈덩이를 굴렸을 때 잘 뭉쳐지지 않아 눈 녹듯이 사라지지 않고, 단단해서 굴리면 굴릴수록 기하급수적으로 커지는 눈덩이가 될 수 있도록 탄탄한 기반이 되는 깊이 있는 학습이 전제되어야 한다. 경력자본의 축적 없이 경력세계를 항해한다는 것은 어불성설이다.

세 번째, 경력계획과 디자인은 경력실험과 피벗에 자리를 내주어야 한다. 경력은 우리가 아무리 자료를 수집하고 분석한들 우발적인 여러 기회 또는 걸림돌 등을 통해 우리가 알지 못하는 세계로 진입할 수도 있다. 개방적 사고를 가지고 다가오는 기회를 놓치지 말아야 하며 다양한 실험과 피벗으로 한 발씩 한 단계 한 단계 나아가야 한다. 이러한 미시적 활동이 나선형 성장과 거시적 성장으로 이끌어질 수 있도록 나의 가치와 노력을 끊임없이 투자해나가야 할 것이다. 이와 더불어 유연한 디자인과 창의적 실험이 동시에 구현될 수 있어야 한다.

네 번째, 경력은 파편화된 활동이 아니다. 내 삶이고 관계망이며 가치실현의 세계이다. 따라서 삶 따로 경력 따로의 생각이 아닌 시스템으로서의 경력을 생각해봐야 한다. 시스템으로서의 경력은 시스템으로서의 나(self)에서 출발한다. 나는 시스템 관리자로서 시스템 내의 모든 관련요소들의 행복을 관장하고 아름다운 일들을 창조하기 위해 태어난 것이다. 시스템 내의 관계들을 보호하고 더 좋은 관계가 이루어져서 번영을 향유할 수 있도록 하는 책임이 바로 나에게 있다. 경력시스템도 그 관련요소들에 자신의 선한 영향력을 퍼뜨려 경력자본의 축적, 경력마케팅, 창무, 창직, 창업 활동이 즐거운 학습의 과정이 될 수 있도록 하는 책임이 바로 나에게 있는 것이다. 창의성으로 행복한 경력개발을 이루려는 당신을 응원한다!

◆ 참고문헌

고용노동부(2013). 『창직인턴제 등을 통한 창직활성화 방안연구』. 고용노동부.

신종호, 김동민, 김정섭, 김종백, 도승이, 김지현, 서영석(2015). 『교육심리학(역)』. 학지사.

이정원(2015). 『창직이 미래다』. 해드림출판사.

임웅(2009). 『창의성: 그 잠재력의 실현을 위하여(역)』. 학지사.

전경남(2015). 「창의성과 메타인지의 관계에 대한 문헌고찰」. 창의력교육연구, 15, 21 – 34.

짐 콜린스, 이무열 역(2002). 『좋은 기업을 넘어. 위대한 기업으로』. 김영사.

최송일(2017). 『디자인씽킹 활용 학생 중심 수업』. 한국대학교육협의회, 143 – 170.

한국정보화진흥원(2017). 『4차 산업혁명과 지능정보사회의 정책과제 100선』. 한국정보화진흥원.

Akkermans, J., Brenninkmeijer, V., Huibers, M., & Blonk, R. W. (2013). Competencies for the contemporary career: Development and preliminary validation of the Career Competencies Questionnaire. *Journal of Career Development, 40*, 245 – 267.

Bandura, A. (1997). *Self–efficacy: The exercise of control*. Macmillan.

Basadur, M. (1994). *Simplex: A flight to creativity.* Creative Education Foundation.

Blake, J. (2016). *Pivot: The Only Move That Matters Is Your Next One.* Potrfolio.

Buillebeau, C. (2016). *Born for This: How to Find the Work You Were Meant to Do.* Crown Business.

Charles, R. E., & Runco, M. A. (2001). Developmental trends in the evaluative and divergent thinking of children. *Creativity Research Journal, 13,* 417−437.

Chase, W. G., & Simon, H. A. (1973). Perception in chess. *Cognitive Psychology, 4,* 55−81.

Chi, M. T. (2006). Laboratory methods for assessing experts' and novices' knowledge. In K. A. Ericsson, N. Charness, P. Feltovich, & R. R. Hoffman (Eds.), *The Cambridge handbook of expertise and expert performance* (pp. 167−184). Cambridge University Press.

Covey, S. (2013). *The 7 Habits of Highly Effective People: Powerful Lessons in Personal Change.* Simon & Schuster.

Ducat, D. (2012) *Turning Point: Your Career Decision Making Guide (3rd ed).* Pearson Education Inc.

Dweck, C. (2007). *Mindset: The New Psychology of Success.* Ballantine Books.

Eggen, P., & Kauchak, D. (2010). *Educational psychology: Windows on classroom.* Allyn & Bacon.

Feist, G. J. (2004). The evolved fluid specificity of human creative talent. In R. J. Sternberg, E. L. Grigorenko, & J. L. Singer

(Eds.), *Creativity: From potential to realization* (pp. 57–82). American Psychological Association.

Ferrari, M., & Elik, N. (2003). Influences on intentional conceptual change. In G. M. Sinatra & P. R. Pintrich (Eds.), *International conceptual change* (pp. 21–54).

Flavell, J. H. (1979). Metacognition and cognitive monitoring: A new area of cognitive developmental inquiry. *American Psychologist, 34*, 906–911.

Greenhaus, J. H., Callanan, G. A., and Godshalk, V. M. (2000). *Career Management, (3rd ed)*. Dryden Press.

Jacobs, J. E., & Paris, S. G. (1987). Children's metacognition about reading: Issues in definition, measurement, and instruction. *Educational Psychologist, 22*, 255–278.

Kaufman, J. C., & Beghetto, R. A. (2013). In praise of Clark Kent: Creative metacognition and the importance of teaching kids when (not) to be creative. *Roeper Review, 35*, 155–165.

Kolb, D. A. (1985). *The Learning Style Inventory: Technical Manual*. McBer.

Krumboltz, J. D. (1979). A social learning theory of career decision making. In A. M. Mitchell, G. B. Jones, & J. D. Krumboltz (Eds.), *Social Learning and Career Decision Making* (pp. 19–49). Carroll Press.

Krumboltz, J. D., & Levin, A. S. (2004). *Luck is no accident: Making the most of happenstance in your life and career*. Impact Publishers.

Lovegrove, N. (2016). *The Mosaic Principle: The Six Dimensions of a*

Remarkable Life and Career. Public Affairs.

McKaine, S. (2013). *Create Distinction.* Greenleaf Book Group Llc.

Parsons, F. (1909). *Choosing a Vocation.* Houghton Mifflin.

Renzulli, J. S. (1986). The three ring conception of giftedness: A developmental model for creative productivity. In R. J. Sternberg & J. E. Davidson (Eds.), *Conceptions of Giftdness* (pp. 53−92). Cambridge University Press.

Renzulli, J. S., & Reis, S. (2003). The Schoolwide Enrichment Model: Developing creative and productive giftedness. In N. Colangelo, & G. A. Davis (Eds.), *Handbook of gifted education* (pp. 184−203). Allyn & Bacon.

Ries, E. (2011). *The Lean Startup.* Currency.

Roberts, K. (2005). *Lovemarks.* PowerHouse Books.

Rogers, C. (1961). *On becoming a person.* Houghton Mifflin.

Rogers, C. R. (1975). Empathic: An unappreciated way of being. *The Counseling Psychologist, 5,* 2−10.

Ryan, R., & Deci, E. (2000). Intrinsic and extrinsic motivations: Classic definitions and new directions. *Contemporary Educational Psychology, 25,* 54−67.

Schunk, D. (2004). *Learning theories: An educational perspective (4th ed.).* Merrill/Pearson.

Simon, H. A., & Gilmartin, K. (1973). A simulation memory for chess positions. *Cognitive Psychology, 5,* 29−46.

Sternberg, R. J. (1999). *Thinking Styles.* Cambridge University Press.

Tannenbaum, A. J. (2003). Nature and nurture of giftedness. In N. Colangelo, & G. A. Davis (Eds.), *Handbook of gifted education* (pp. 45−59). Allyn & Bacon.

White, J. (1999). *Work Less, Make More: Stop Working So Hard and Create the Life You Really Want!* Wiley.

Wigfield, A., & Eccles, J. S. (2000). Expectancy-value theory of achievement motivation. *Contemporary Educational Psychology, 25*, 68−81.

◆ 찾아보기

◆ 저자 약력

장환영

현재 동국대학교 교육학과 교수로 재직하며 학부에서는 인적자원개발론, 기업교육론을, 대학원에서는 조직 및 경력개발, 성과컨설팅 등을 가르치고 있다. 조직 내 인적자원의 성과향상에 관심이 많지만 미래사회에 대비하기 위해서는 인간을 도구적 관점만으로 보는 인적자원개발이 아닌, 목적과 의미 추구를 존중하는 인적가치개발로의 변화가 필요하다고 보고 있다. 조직 내 인적가치가 제대로 드러날 수 있도록 하는 교육훈련시스템의 혁신과 교육서비스디자인에도 관심이 많다. 인간 개개인이 나름의 독특한 탁월성을 지니고 있다고 볼 때, 일과 삶을 연결하는 경력개발도 창의적 전략을 취함으로써 그 탁월성이 잘 드러날 수 있도록 해야 한다는 믿음을 지니고 있다. 현재 한국기업교육학회 회장직을 맡고 있으며 불확실성 시대에 대학을 졸업하고 기업의 문을 두드리는 많은 젊은이들이 자신에 대한 믿음과 새로운 희망을 지니는 데 미약하나마 도움이 되기를 희망하며 이 책을 썼다.

안동근

현재 인천대학교 유아교육과 조교수로 재직하며 학부에서는 교육심리, 유아창의인성교육을, 대학원에서는 교육통계연구를 가르치고 있다. 영역마다 다른 창의성의 특성을 탐색하고, 이러한 영역별 특수성을 개개인의 적성발견과 적성계발에 어떻게 적용할 수 있을지 연구하고 있다. 경력개발을 자아실현적 창의성의 한 형태로 간주하고, 창의성의 인지심리학적 발현기제를 통해 경력개발의 기저를 설명하는 데에도 관심이 많다. 일은 소명이며, 이 소명을 이루어가기 위해서는 창의성이 중요하다는 믿음을 가지고 있다. 현재 한국창의력교육학회 부편집위원장을 역임하고 있으며, EBS <다큐프라임> 자문을 맡고 있다. 이 책을 통해 경력개발의 과정이 개개인의 소중한 가치를 발견해나가는 의미 있는 탐험이 되기를 희망한다.

경력창의성

초판발행	2019년 9월 16일
중판발행	2020년 8월 10일
지은이	장환영·안동근
펴낸이	노 현
편 집	윤현주
기획/마케팅	이선경
디자인	BEN STORY
제 작	우인도·고철민
펴낸곳	㈜ 피와이메이트
	서울특별시 금천구 가산디지털2로 53 한라시그마밸리 210호(가산동)
	등록 2014. 2. 12. 제2018-000080호
전 화	02)733-6771
f a x	02)736-4818
e-mail	pys@pybook.co.kr
homepage	www.pybook.co.kr
I S B N	979-11-90151-20-7　93370

copyright©장환영·안동근, 2019, Printed in Korea

정 가　　　15,000원

박영스토리는 박영사와 함께하는 브랜드입니다.